Introducción, Sintesis Y Conclusiones De La Obra La Población Del Valle De Teotihuacán...

Mexico. Departamento de Antropología, Manuel Gamio

Nabu Public Domain Reprints:

You are holding a reproduction of an original work published before 1923 that is in the public domain in the United States of America, and possibly other countries. You may freely copy and distribute this work as no entity (individual or corporate) has a copyright on the body of the work. This book may contain prior copyright references, and library stamps (as most of these works were scanned from library copies). These have been scanned and retained as part of the historical artifact.

This book may have occasional imperfections such as missing or blurred pages, poor pictures, errant marks, etc. that were either part of the original artifact, or were introduced by the scanning process. We believe this work is culturally important, and despite the imperfections, have elected to bring it back into print as part of our continuing commitment to the preservation of printed works worldwide. We appreciate your understanding of the imperfections in the preservation process, and hope you enjoy this valuable book.

LA POBLACION DEL VALLE DE TEOTIHUACAN

INTRODUCCION, SINTESIS Y CONCLUSIONES

SECRETARIA DE AGRICULTURA Y FOMENTO

DIRECCION DE ANTROPOLOGIA

INTRODUCCION, SINTESIS Y CONCLUSIONES

DE LA OBRA

LA POBLACION DEL VALLE DE TEOTIHUACAN

POR

MANUEL GAMIO

Director de Antropología

Dissertation submitted in partial fulfilment of the requirements
for the degree of Doctor of Philosophy
in the Faculty of Philosophy, Columbia University, New York. U. S. A.

SECRETARIA DE EDUCACION PUBLICA
DIRECCION DE TALLERES GRAFICOS
MEXICO
1922

ERRATAS IMPORTANTES ADVERTIDAS

Páginas	Líneas	Dice	Debe decir
XIV	24	7,907,	7,914,
XVI	11 y 12	producen 6,680 cargas	es de 6,680 cargas
XVIII	8	cuando	que
XXIII	33	14	10
XXIV	30	normal	anormal
XXVI	8	por	para
XXXIII	24	cuatro	seis
XXXVI	38	6%	0.6%
XXXVII	9	no sólo	sólo
XXXVIII	41	(lámina 7, a)	(lámina 7, a y b)
XXXVIII	45	(lámina 7, b)	(lámina 7, c)
LXVII	10	grana,	grama,
LXIX	6	(lámina 29, b)	(lámina 29, b y c)
LXXVIII	42	de mica,	con mica,
LXXX	29	417	416
LXXXVIII	44	es de	podría ser de
XC	33	contrarresta su deficiente alimentación,	contrarresta los efectos de su deficiente alimentación y
XCV	7	San Jacinto, D. F.,	calle de Filomeno Mata, número 4,
XCVIII	39 y 40	mugrientos,	sangrientos.
Láminas			
XIV	2	9,450	9,528
XIV	2	1,050	977

Se notarán algunas diferencias entre las cantidades de semillas que aparecen expuestas en el subpárrafo relativo a *La producción artificial de la tierra* en esta Introducción y las que presenta el licenciado L. Mendieta y Núñez en el capítulo sobre *La organización económica de los pueblos del valle*, en la época contemporánea, diferencias debidas a que los datos fueron tomados en distintos años.

INDICE

	Págs.
INTRODUCCION	IX
§ 1.—El Programa de la Dirección de Antropología y las Poblaciones Regionales de la República	X
SINTESIS	XII
§ 2.—El Territorio	XII
La propiedad de la tierra	XIII
La producción espontánea de la tierra	XIV
La producción artificial de la tierra	XV
La habitabilidad	XVII
§ 3.—La Población	XVIII
El censo de la población	XIX
Los censos pretéritos	XX
El censo integral hecho por el personal de la Dirección de Antropología	XXIII
Número	XXIII
Origen	XXIII
Sexo	XXIV
Edad	XXIV
Nupcialidad	XXV
Raza	XXVI
Civilización	XXVII
Civilización indígena	XXIX
Civilización moderna	XXX
Religión	XXXI
Alfabetismo	XXXII
Idioma	XXXIII
Ocupación	XXXV
Resumen	XXXVII
El desarrollo físico de la población	XXXVII
§ 4.—Principales aspectos de civilización	XL
El problema religioso	XLI
El *folk-lore* regional	XLVIII
El idioma regional	LII
Gobierno, justicia y política	LII
Educación	LIV
Arquitectura, escultura y pintura	LVIII

	Págs.
Arquitectura prehispánica	LVIII
Pirámide del Sol y anexos	LXV
Pirámide de la Luna y anexos	LXV
Calle de los Muertos	LXV
Templo de Tláloc, dios de la lluvia	LXV
Edificios superpuestos	LXVI
Templo de Quetzalcóatl	LXVI
Métodos de exploración y reparación del Templo de Quetzalcóatl	LXVII
Casa de Barrios o *Casa del Alfarero*	LXVIII
Las Grutas	LXVIII
Arquitectura colonial	LXVIII
Arquitectura contemporánea	LXX
Pintura y escultura	LXXII
Artes menores e industriales	LXXIII
Cerámica	LXXIII
Objetos domésticos, industriales, etc.	LXXIV
Tejidos	LXXV
Ladrillería	LXXV
Indumentaria	LXXV
Agricultura	LXXVI
Comercio	LXXVII
El valle de Teotihuacán como región de turismo	LXXVIII
Situación económica	LXXX
El problema socialista en la región	LXXXI
El socialismo en la capital de la República	LXXXI
Manifestaciones esporádicas de socialismo en la región	LXXXIII
CONCLUSIONES	LXXXVI
§ 1.—Innovaciones y mejoras implantadas por la Dirección de Antropología	LXXXVII
El territorio	LXXXVII
Geografía y recursos naturales	LXXXVII
La propiedad de la tierra	LXXXVII
Agricultura, bosques e irrigación	LXXXVIII
Vías de comunicación	LXXXIX
La población	XC
El censo	XC
El desarrollo físico	XC
Artes e industrias	XCI
Educación	XCII
Observación y representación artística del valle y sus habitantes	XCIV
Exposición central	XCV
Exposición local	XCV
La vulgarización de esta obra	XCV
§ 2.—Sugestiones que hace la Dirección de Antropología	XCVI
§ 3.—Comprobaciones complementarias	XCIX

ILUSTRACIONES

	Págs.
1.—Croquis que muestra la situación del valle de Teotihuacán en la República y en el de México.	XII
2.—Cuadro que muestra la distribución de tierras y la producción y distribución de cereales en el valle de Teotihuacán.	XIV
3.—Sinopsis gráfica del censo integral de la población del valle de Teotihuacán.	XXII
4.—Tipos de hombre indígena del valle de Teotihuacán.	XXVI
5.—Tipos de mujer indígena y hombre mestizo del valle de Teotihuacán.	XXVI
6.—Trabajadores en sus labores cotidianas.	XXXVIII
7.—Mujeres y niño dedicados a faenas domésticas.	XXXVIII
8.—Manantial de San Juan Teotihuacán y jagüey de San Martín de las Pirámides.	XXXVIII
9.—*Temazcalli* o baño indígena y cerca de *órganos* que aísla una parcela de las otras.	XXXVIII
10.—Esqueleto humano y representaciones de Xiutecutli descubiertos debajo de la lava del Pedregal de San Angel.	XL
11.—Diversas escenas que representan la ceremonia del *Levantamiento de los Espíritus*.	L
12.—Danzantes y *Pilatos y Santiago* en la representación de *Los Alchileos*.	LII
13.—Escena de las *relaciones* de *Moros y Cristianos* y *Los Alchileos*.	LII
14.—Indumentaria de un *alchileo* y un descanso de los personajes.	LII
15.—Capa de un *cristiano* y Santiago con traje de charro en *Moros y Cristianos*.	LII
16.—Puntas de flecha, cuchillos y navajas de obsidiana y uno de los yacimientos de ésta.	LXII
17.—Relieve de la zona arqueológica de Teotihuacán.	LXII
18.—Angulo S. W. y plataforma S. de la pirámide del Sol.	LXIV
19.—Cara S. y montículos que cierran la plaza de la pirámide de la Luna.	LXIV
20.—*La Calle de los Muertos* y escalinatas situadas en un vestíbulo descubierto en las excavaciones de 1917.	LXIV
21.—Estructuras inferior y superior de *Los Subterráneos*.	LXVI
22.—Aspectos de *La Ciudadela* o Templo de Quetzalcóatl.	LXVI
23.—Aspecto del montículo central de *La Ciudadela* y cuerpos que forman el Templo de Quetzalcóatl.	LXVI
24.—Detalle de los cuerpos que forman el Templo de Quetzalcóatl y meseta superior del mismo.	LXVI
25.—Pirámide central de *La Ciudadela* y apoyos y vigas de madera probablemente usados como armadura para la erección de aquélla.	LXVI
26.—Núcleo de adobe con revestimiento de piedras fragmentadas, y conglomerado de piedra fragmentada, y barro revestido con concreto indígena, en *La Ciudadela*.	LXVI
27.—Conglomerado de barro y piedra fragmentada, revestido con grandes sillares de piedra, en el Templo de Quetzalcóatl, y reconstrucción de uno de los montículos.	LXVI
28.—Partes íntegras de tableros, taludes y cavernas de formación natural llamadas *Las Grutas*.	LXVIII
29.—Iglesia y retablos de San Agustín Acolman.	LXVIII
30.—Fresco mural de la iglesia de San Agustín Acolman.	LXVIII

		Págs.
31.	Códice de San Juan Teotihuacán	LXVIII
32.	Iglesia de San Francisco Mazapan y hacienda de Santa Catarina	LXX
33.	Cueva adaptada para habitación, y tipo de choza	LXX
34.	Tipo e interior de uno de los jacales muy usados en la región	LXX
35.	Altar y torre nuevos de las iglesias de San Juan Teotihuacán y San Martín de las Pirámides	LXX
36.	Tipo de habitación moderna, y leones de piedra que sirven de soportes para ciriales	LXXII
37.	Reconstrucción de la fachada de la iglesia de San Agustín Acolman	LXXII
38.	Diferentes representaciones, en barro, de Tláloc, dios de las lluvias	LXXII
39.	Fresco del *Templo de la Agricultura* y de *Los Subterráneos*	LXXII
40.	Diferentes modificaciones de los frescos que existen en el *Templo de la Agricultura*	LXXII
41.	Varios objetos que se exhiben en el Museo Regional	LXXII
42.	Esculturas antropomorfas. Transición del tipo arcaico al teotihuacano	LXXII
43.	Cerámica moderna de barro rojo y con motivos arqueológicos, fabricada en el valle de Teotihuacán	LXXIV
44.	Cerámica arqueológica y *candeleros* descubiertos en el valle de Teotihuacán	LXXIV
45.	Varios objetos arqueológicos, de diferentes materias, descubiertos en el valle de Teotihuacán	LXXIV
46.	Tipos de telar y horno usados en el valle de Teotihuacán	LXXIV
47.	Hombre y mujer indígenas con indumentaria típica del valle de Teotihuacán	LXXIV
48.	Indumentaria de las autoridades de San Juan Teotihuacán, y sacerdotes representados en los frescos de la *Casa de Barrios*	LXXVI
49.	Arado *del país*, de madera; viga aparejadora de los barbechos, y hortaliza en San Juan Teotihuacán	LXXVI
50.	Deidad maya y fragmento de *yugo* totonaco descubiertos en el valle	LXXVIII
51.	Portada de la iglesia de Xometla y paisaje del valle de Teotihuacán	LXXVIII
52.	Frontal de la iglesia de Atlatongo y triple cruz, mesa antigua y pintura de la Virgen Guadalupana en la iglesia de San Juan Evangelista	LXXVIII
53.	Cerro Gordo, y uno de los manantiales de San Juan Teotihuacán	LXXVIII
54.	Diferentes muestras de canteras, y puente sobre el camino de San Juan Teotihuacán a la estación del Ferrocarril Mexicano	LXXXVI
55.	Croquis de los ferrocarriles y camino de la ciudad de México al valle de Teotihuacán y del nuevo camino de México a la zona arqueológica	LXXXVIII
56.	Estación *Pirámides* y puente construídos a iniciativa de la Dirección de Antropología	LXXXVIII
57.	Camino de la zona arqueológica al pueblo de San Martín de las Pirámides, y niños de la Escuela Regional en ejercicios gimnásticos	XC
58.	Niños de la Escuela Regional en la elaboración de pan y en el tejido de objetos de paja	XC
59.	Niños de la Escuela Regional en la manufactura de cerámica, y horno para cocer la misma	XC
60.	Cerámica moderna, imitación de la de Talavera de Puebla, y proyecto del palacio municipal de San Martín de las Pirámides	XC
61.	Proyecto de casas populares para los habitantes del valle de Teotihuacán	XCII
62.	Iglesia de San Francisco Mazapan y pirámide del Sol. (Copias de acuarelas hechas por el señor Francisco Goytia.)	XCIV
63.	Fachada de la iglesia de San Agustín Acolman, y danzantes indígenas. (Copias de pasteles hechos por el señor Francisco Goytia.)	XCIV
64.	Instrumentos y música indígenas	XCIV
65.	Exposiciones central y local	XCIV
66.	Esculturas del apóstol Santiago y de Cristo	XCVIII

INTRODUCCION

LAS tendencias de todos los pueblos han ido e irán siempre encaminadas a alcanzar un equilibrado, vigoroso y floreciente desarrollo, tanto físico como intelectual y económico. A gobiernos y a gobernados corresponde, conjuntamente, poner los medios eficaces para llegar a tales fines, siendo indispensable para ello el conocimiento previo de los factores que hay que fomentar en pro de aquel desarrollo, así como de los obstáculos que se oponen a él y que, por tanto, deben ser eliminados o siquiera transformados. Por otra parte, el conocimiento de la población no puede obtenerse si sólo se hace de ella un estudio unilateral, es decir, si se le considera como entidad aislada, puesto que las poblaciones humanas no pueden vivir sin el concurso inmediato e imprescindible de los organismos animales y vegetales, de las substancias minerales y de las influencias climatéricas y geográficas que existen en las regiones o territorios que ocupan. Ya que población y territorio son entidades íntimamente ligadas y dependientes una de otra en casi todos sus aspectos y características, precisa conocer integralmente a ambas a fin de poder mejorar las condiciones de vida, tanto materiales como abstractas, de la primera.

Procediendo de otra manera, los gobiernos van al fracaso, pues no pueden gobernar lógicamente a pueblos cuya naturaleza y condiciones de vida desconocen; éstos, por su parte, no pudiendo desarrollarse bajo los empíricos sistemas gubernamentales que forzosamente se les imponen, vegetan degenerados y débiles, o bien hacen estallar sus justificadas protestas por medio de continuas revoluciones.

Si nuestra población fuera racial, cultural, lingüística y económicamente idéntica a las que en otros países han conseguido alcanzar un desarrollo satisfactorio, bastaría con aplicar entre nosotros los muchos sistemas empleados en esas naciones, para obtener iguales resultados. Análogas conclusiones habría que aceptar en lo relativo al territorio, si no hubiera diferencias en situación geográfica, suelo, clima, flora y fauna.[1] *Como, por lo contrario, nuestra población y nuestro territorio, no sólo difieren de los de otros países, sino que la primera presenta en sí misma gran heterogeneidad, y el segundo extremada diferenciación, es necesario adoptar especialísimas orientaciones, las cuales, por supuesto, deben basarse en principios científicos universalmente aplicados y unánimemente aceptados.*

§ 1.—EL PROGRAMA DE LA DIRECCIÓN DE ANTROPOLOGÍA Y LAS POBLACIONES REGIONALES DE LA REPÚBLICA

De acuerdo con las consideraciones anteriores, se formuló un programa oficial para que la Dirección de Antropología[2] iniciara el estudio de nuestra población. Reproducimos en seguida, con pequeñas modificaciones, la parte esencial de ese programa:[3]

"Nuestro extenso territorio no ofrece las regulares condiciones geográficas, biológicas y climatéricas que en otros países han contribuído a la formación de poblaciones étnica, cultural y lingüísticamente homogéneas, sino, por lo contrario, múltiples y distintas condiciones regionales influyeron poderosamente en la diferenciación de la población mexicana.

"En efecto, nuestra población no es homogénea, sino heterogénea y disímbola, ya que las agrupaciones que la constituyen difieren en antecedentes históricos, en características raciales, en modalidades de cultura material e intelectual y en la expresión que hacen de sus ideas por medio de numerosos idiomas y dialectos.

"En resumen, puede justificadamente asentarse que la población mexicana es un conjunto de poblaciones regionales, poco conocidas, anormalmente desarrolladas y más o menos diferentes entre sí, según es el grado de diferenciación y divergencia de sus características innatas actuales; de las condiciones geográficas, climatéricas, botánicas y zoológicas de las regiones que habitan, y de sus antecedentes raciales, culturales y lingüísticos.

"En vista de lo expuesto, ha parecido conveniente concretar como tendencias trascendentales de esta Dirección las siguientes:

"*1ª Adquisición gradual de conocimientos referentes a las características raciales, a las manifestaciones de cultura material e intelectual, a los idiomas y dialectos, a la situación económica y a las condiciones de ambiente físico y biológico de las poblaciones regionales actuales y pretéritas de la República.—2ª Investigación de los medios realmente adecuados y prácticos que deben emplearse, tanto por las entidades oficiales (Poderes Federales, Poderes Locales y Poderes Municipales) como por las particu-*

---

1 Las ideas que presiden la formación de esta obra fueron esbozadas por el subscrito en su libro *Forjando Patria. Pro Nacionalismo.* México, 1916.

2 La creación de esta Dirección y de otras análogas en la América Latina fué propuesta por el subscrito ante el II Congreso Científico Pan-Americano efectuado en Wáshington, que la aprobó y recomendó a los gobiernos de los países respectivos.

3 Manuel Gamio. *Programa de la Dirección de Estudios Arqueológicos y Etnográficos formulado por el Director.* México, 1918.—*Programa de la Dirección de Antropología para el estudio y mejoramiento de las poblaciones regionales de la República.* (Segunda edición.) México, 1919.

lares (Asociaciones científicas, altruistas y laboristas; Prensa; Logias; Iglesias; etc., etc.), para fomentar efectivamente el actual desarrollo físico, intelectual, moral y económico de dichas poblaciones.—8º Preparación del acercamiento racial, de la fusión cultural, de la unificación lingüística y del equilibrio económico de dichas agrupaciones, las que sólo así formarán una nacionalidad coherente y definida y una verdadera patria.

Como sería imposible abordar de una vez el estudio de todas las poblaciones regionales de la República, se resolvió seleccionar las principales áreas en que habitan grupos sociales representativos de esas poblaciones, haciéndose, con tal objeto, la siguiente clasificación de zonas, en las que, oportunamente, se fijarán las regiones típicas por investigar:

México, Hidalgo, Puebla y Tlaxcala.
Chihuahua y Coahuila.
Baja California.
Sonora y Sinaloa.
Yucatán y Quintana Roo.
Chiapas.
Tabasco y Campeche.
Veracruz y Tamaulipas.
Querétaro y Guanajuato.
Jalisco y Michoacán.

Estas zonas comprenden los diversos aspectos físicos, climatéricos y biológicos del territorio nacional, y las poblaciones que las habitan sintetizan las diversas características históricas, raciales, culturales, económicas y lingüísticas de la población total de la República. *Pueden ser estudiadas anualmente una o dos de estas poblaciones regionales típicas, si se cuenta con elementos para ello, pues no debe constituir un precedente el hecho de que en el estudio de la primera población regional que consideró la Dirección de Antropología se hayan empleado cerca de dos años, ya que, al efectuarse éste, se tropezó con interrupciones forzosas y con grandes obstáculos, principalmente de orden económico. Por otra parte, la impresión de esta obra ha tenido que ser lenta y laboriosa y también ha estado sujeta a interrupciones más o menos prolongadas.*

Por último, al fundarse la Dirección de Antropología en el mes de julio de 1917, no se contaba, exceptuando muy pocos empleados, con personal especializado en investigaciones sociológicas, antropológicas, etnológicas, etc., etc; así, que hubo necesidad de encauzar su criterio y asimilarlo al que se había aceptado para el desarrollo del programa a que ya aludimos, tarea que no fué difícil, pues ese personal constaba en su mayoría de profesionales o estudiantes profesionales; sin embargo, esto trajo consigo la dilación y relativa deficiencia en algunos de los estudios efectuados.

Como complemento, se intercalarán, o bien se harán, al mismo tiempo que los estudios de poblaciones regionales, los correspondientes a las poblaciones urbanas, pues difieren de aquéllas desde el punto de vista racial y muy principalmente en lo relativo a usos; costumbres; situación económica; métodos industriales, comerciales, educativos, etc., etc., siendo el ambiente físico-climatérico-biológico en que se desarrollan totalmente distinto de aquel en que viven las regionales. Se considerarán, sucesivamente, las poblaciones de la capital de la República, de las capitales de los Estados y de las ciudades que sean verdaderamente representativas.

Diversos motivos, entre ellos los de economía, proximidad y facilidad de comunicaciones, hicieron que se eligiera como primera zona de estudio la que comprende los Estados de México, Hidalgo, Puebla y Tlaxcala, cuya población presenta características relativamente análogas, lo que se debe, en buena parte, a la semejanza de condiciones físico-biológicas y climatéricas que en la mayor parte de su extensión tienen dichas entidades.[1] Por razones análogas a las anteriores, se seleccionó, como objeto de las investigaciones de la Dirección, la población del valle de Teotihuacán, Estado de México, que a su vez es representativa de la de aquellas entidades.

SINTESIS

Dada la heterogeneidad de los asuntos tratados, así como la diferencia de épocas a que corresponden y la de los personales puntos de vista de los redactores, creemos que podrá evitarse cualquiera posible confusión exponiendo antes una ligera síntesis que anticipadamente ligue aquellos capítulos integrales y haga convergir sus postulados y conclusiones hacia un criterio unificado y armónico.

Los estudios que posteriormente se exponen en esta obra y van a ser sintetizados y comentados aquí, se hicieron con dos principales objetos: 1º—Conocer las condiciones de *propiedad, producción espontánea, producción artificial y habitabilidad* del TERRITORIO comprendido en el valle de Teotihuacán y deducir los medios para mejorarlas eficazmente. 2º—Investigar los antecedentes históricos, el actual *estado físico y los diversos aspectos de civilización o cultura* que presenta la POBLACION del citado valle, así como los medios adecuados y factibles que deben aplicarse para procurar su mejoría física, intelectual, social y económica.

§ 2.—EL TERRITORIO

El valle de Teotihuacán es representativo de las regiones que forman la Altiplanicie Central, por su aspecto geográfico; por las condiciones que presenta en cuanto a propiedad, producción y habitabilidad del suelo, y por las características de su producción. En efecto, regiones y poblaciones análogas existen en los Estados de Hidalgo, Puebla, México y Tlaxcala; pero los motivos ya expuestos antes hicieron elegir aquel valle como objeto de este estudio (*lámina 1*).

La región comprendida por el valle de Teotihuacán está situada a cuarenta y cinco kilómetros hacia el N.E. de la Capital; mide una superficie de diez mil quinientas hectáreas, y afecta la forma de un pentá-

---

[1] Nos referimos a las poblaciones que ocupan la altiplanicie comprendida por dichos Estados, pues las agrupaciones que habitan las regiones bajas de Puebla e Hidalgo son en número mucho menor.

LA POBLACIÓN DEL VALLE DE TEOTIHUACÁN *Introducción. Lámina 1.*

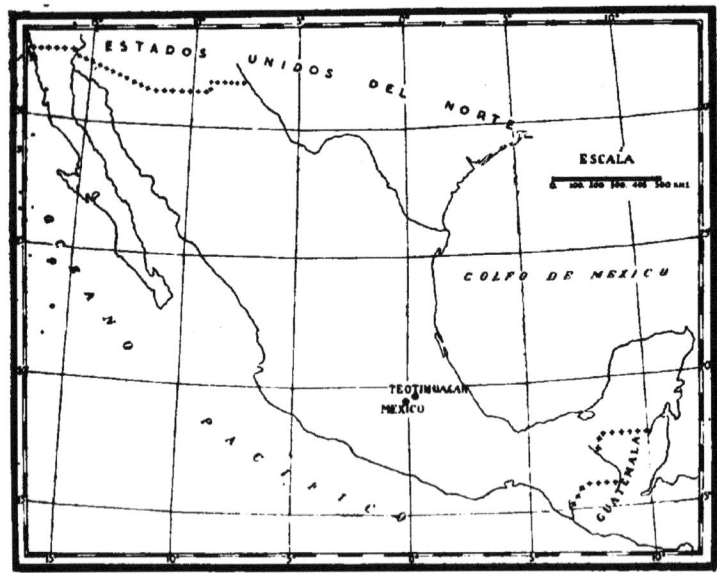

a).—Croquis que muestra la situación del Valle de Teotihuacán en la República Mexicana.

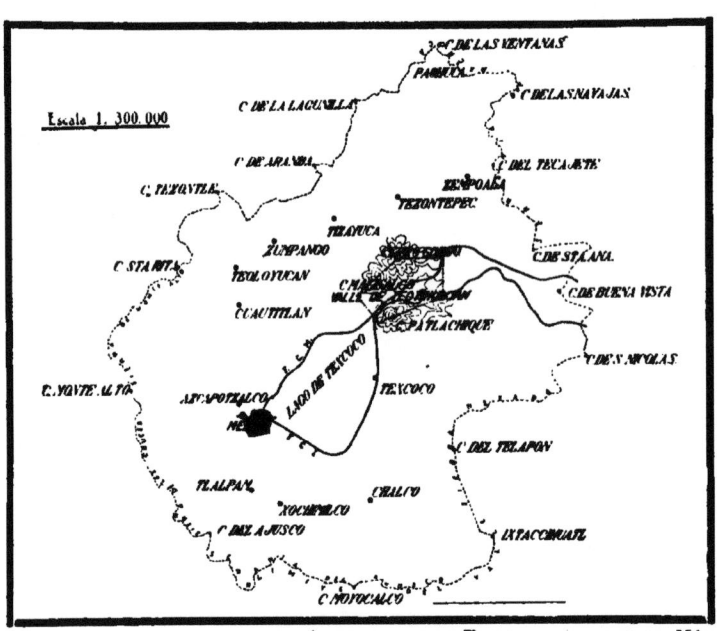

b).—Croquis que muestra la situación del Valle de Teotihuacán en el de México.
Escala aproximada: 1:1.200,000.

gono irregular. Altos cerros y montañas forman los límites de la región, distinguiéndose el Cerro Gordo por su altura, que es de seiscientos cincuenta metros, y que se eleva hacia el N. El valle presenta un suave declive de N. a S. y lo riegan torrentes, durante la época de lluvias, y ríos alimentados permanentemente por manantiales existentes en la villa de San Juan Teotihuacán. La formación geológica del terreno es generalmente de origen volcánico. La vegetación es análoga a la del valle de México y alpina en las eminencias. La temperatura media es de quince grados centígrados.

El valle pertenece políticamente al Estado de México y forma parte de los distritos de Otumba y Texcoco, estando comprendidas en él las municipalidades de San Juan Teotihuacán, San Martín de las Pirámides y Acolman. De estas municipalidades dependen, a su vez, los siguientes poblados:

Atlatongo.
Cadena.
Calvario Acolman, El.
Cerro Gordo.
Cozotlán.
Maquixco.
Metepec.
Molino California.
Nextlalpan.
Oztoyahualco.
Palapa.
Palma, La.
Purificación, La.
Puxtla.
San Bartolomé Cuauhtlapechco
San Francisco Mazapan.
San José Acolman.
San Juan Evangelista.
San Juan Teotihuacán.
San Juanico.
San Lorenzo.
San Martín de las Pirámides.
San Sebastián.
Santa Catarina.
Santa Catarina Acolman.
Santa María Acolman.
Santa María Coatlán.
Tenanco.
Tlaxinga.
Ventilla.
Xometla.

La propiedad de la tierra.—Antes de la Conquista existían en el valle, entre otros sistemas de propiedad de tierras, el comunal, que permitía a los habitantes subsistir directamente de los frutos del suelo, mediante su labor. En la época colonial, la propiedad agraria disminuyó entre los aborígenes, pues los españoles los despojaron y se constituyeron en terratenientes; sin embargo, merced a diversas y atinadas disposiciones de la Corona Española y a la continuada defensa de los indígenas, los pueblos pudieron conservar, en parte cuando menos, las tierras que les correspondían, situación que prevaleció durante la dominación española y la primera mitad del siglo XIX.

En cambio, las Leyes de Reforma, que en casi todos sus aspectos fueron redentoras, en lo relativo a propiedad territorial trajeron irreparables perjuicios, ya que, al dividirse las tierras comunales de los pueblos, no hubo obstáculo alguno para que los grandes terratenientes, personas relativamente cultas, adquiriesen, por medios legítimos o reprochables, las parcelas que, como propiedad individual, correspondían, de acuerdo con la nueva legislación, a los indios de los pueblos, generalmente incultos e imprevisores.

Esos antecedentes explican claramente el porqué del desequilibrio que se nota en la región en lo que respecta a propiedad territorial, desequilibrio que hacen patente las siguientes cifras: el valle tiene una superficie de 10,500 hectáreas de tierras aprovechables, las cuales, divididas entre la población total, que consta de 8,330 habitantes, suministrarían una distribución teórica de 1.26 hectáreas por habitante. En realidad, casi toda esa área de terreno, o sea el 90%, está en poder de siete latifundistas, en tanto que el 10% restante es poseído por 416 pequeños terratenientes, y la gran mayoría de habitantes, 7,907, no posee tierras (*lámina 2*).

La Constitución de 1917 trae aparejada consigo la implantación de la pequeña propiedad agraria por medio del reparto de tierras. Desgraciadamente, tan nobilísima reforma no ha podido implantarse con eficacia, siendo notable que donde más obstáculos se encuentran para ello es en regiones cercanas a la capital de la República y a las capitales de los Estados, según se observa en Teotihuacán, cuyos habitantes tienen urgente necesidad de tierras, como se deduce de las cifras anteriores y como se verá más adelante por las desfavorables condiciones en que actualmente viven aquéllos.

La producción espontánea de la tierra.—Si bien son muy escasos los datos históricos que nos pueden hacer conocer las condiciones de producción espontánea (fauna salvaje, flora silvestre) y los recursos naturales de carácter geológico que presentaba el valle en tiempos prehispánicos, el examen de los abundantes vestigios culturales prehispánicos que existen en la región, permite llegar a algunas conclusiones. Poco puede aventurarse sobre el aprovechamiento de animales y vegetales, por más que la presencia de osamentas de los primeros y la existencia relativamente abundante de maderas de construcción, entre los segundos, hacen suponer una explotación continuada. En esa época, indudablemente, se hacía gran consumo de plantas de aplicaciones alimenticia, industrial y medicinal, las que han seguido siendo aprovechadas por los descendientes de esos pobladores. En cuanto al aprovechamiento de substancias minerales, cabe afirmar de modo positivo que en esos tiempos alcanzó altísima

LA POBLACIÓN DEL VALLE DE TEOTIHUACÁN — Introducción. Lámina 2.

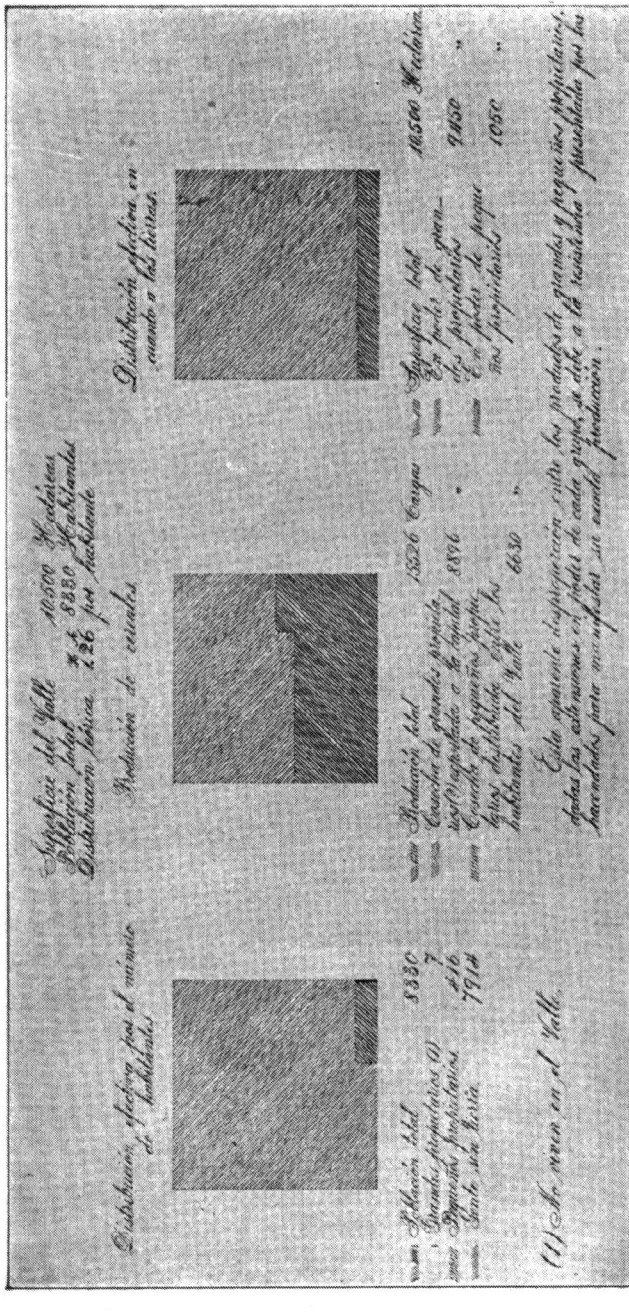

CUADRO QUE MUESTRA LA DISTRIBUCIÓN DE TIERRAS Y LA PRODUCCIÓN Y DISTRIBUCIÓN DE CEREALES EN EL VALLE DE TEOTIHUACÁN.

importancia, la cual puede demostrarse con sólo examinar las estructuras arquitectónicas, en las que están acumulados en cantidades gigantescas los minerales de la región. Este aprovechamiento siguió en auge después de la Conquista, siendo prueba de ello numerosos edificios de haciendas e iglesias de origen colonial, en los que se aprovecharon esos minerales.

La actual producción espontánea del valle, en lo referente a flora y fauna, es de corta importancia, pues existen muy pocos animales salvajes que sean aprovechables en la alimentación, y aun esto sólo en determinadas épocas; la flora silvestre ofrece árboles frutales y otros para combustible doméstico, así como diversas plantas silvestres, de restringido uso alimenticio e industrial, siendo más abundantes las de aplicación terapéutica.

La explotación de productos minerales está más extendida y sus principales productos son los materiales de construcción, desde canteras finas hasta barros para ladrillo y cerámica. Desgraciadamente, las necesidades regionales, en cuanto a construcción, son bien limitadas, y la exportación de esas materias primas a otros mercados es actualmente nula.

La producción artificial de la tierra.—La producción artificial de la región, o sea la de animales domésticos y vegetales cultivados, antes de la Conquista fué indudablemente más reducida que en los tiempos coloniales y contemporáneos.

En efecto, la falta de animales domésticos entre los habitantes prehispánicos del valle de Teotihuacán era casi absoluta, ya que consistía en el *huexólotl*, pavo silvestre, que utilizaban como alimento, y el perrito llamado *chichi*, que, además de suministrar su carne para las comidas indígenas, probablemente vigilaba los hogares como lo hacen hoy día sus descendientes. Ambos animales están representados en las vasijas y pequeñas esculturas arqueológicas de Teotihuacán.

Puede afirmarse que la producción vegetal consistió principalmente en maíz, tuna y pulque, por más que no podamos referirnos siquiera a la calidad y cantidad de esos productos. La madera de varias clases de árboles, entre ellos el cedro, fué aprovechada en las construcciones, según se ha comprobado en excavaciones arqueológicas.

Durante la época colonial se agregaron a la producción de la época anterior, animales domésticos y numerosos vegetales de cultivo que importaron los españoles y que, por ser casi los mismos que hay en la actualidad, serán considerados en el párrafo siguiente.

La relativa abundancia y buena calidad de los pastos y, sobre todo, la gran cantidad de forrajes que provienen de las cosechas de cereales, permiten hoy a los grandes terratenientes obtener regular producción animal, que consiste principalmente en ganado vacuno, destinado a suministrar leche o a las labores del campo; la producción de ganado lanar sigue en importancia, aunque ésta es muy secundaria, así como la de aves de corral. Los pequeños terratenientes, y en general casi todos los habitantes pobres de la región, explotan la cría de aves de corral y, en más reducida escala, la de ganados lanar y cabrío.

Ha sido imposible para esta Dirección investigar el monto verdadero de los productos vegetales cultivados en el valle, siendo la causa principal de ello que los grandes terratenientes declaran en sus libros de contabilidad haber cosechado un reducido porcentaje de lo que realmente produjeron sus tierras, a fin de reducir sus pagos fiscales. Basta un ligero análisis de los datos que con respecto a trigo y maíz nos suministraron en las haciendas, para convencerse de lo expuesto: en 9,523 hectáreas, dicen los hacendados haber cosechado 7,613 cargas de maíz y 1,283 de trigo, o sea un total de 8,896 cargas—debe tenerse en cuenta que poseen las mejores tierras, aguas abundantes y maquinaria moderna—, en tanto que la producción de las 977 hectáreas de los pequeños terratenientes producen 6,630 cargas (este cómputo es bastante aproximado, pues no se tropezó con obstáculos), no obstante que las tierras están generalmente sujetas a las eventualidades del tiempo y mal labradas. Es decir, que un terreno poco productivo, cuya extensión es la novena parte de otro muy productivo, rinde, sin embargo, la tercera parte de lo que éste produce. El error salta a la vista, pudiéndose calcular sin temor a equivocarse, que las haciendas producen un mínimo de veinte mil cargas.

Sometiéndonos, sin embargo, a los datos que humanamente se han podido conseguir, veamos cuál es la producción de cereales alimenticios [1] en la región y cuáles son su distribución teórica y su distribución real. La población consta de 8,330 habitantes y la cosecha de cereales de pequeños y grandes terratenientes es, en conjunto, de 15,526 cargas, o sean 1.490,496 cuartillos.[2] Suponiendo que en años de cosechas normales, es decir, cuando las lluvias fertilizan las tierras de los pequeños propietarios, se distribuye aquella cosecha entre la población, resulta una ración personal de menos de 180 cuartillos al año, o sea algo inferior a medio cuartillo diario. Semejante distribución no satisfaría plenamente las necesidades fisiológicas de los habitantes, y menos aún quedaría a éstos con ella un remanente de granos que alcanzara para los animales de corral y otros usos. Esto en el caso de una distribución teórica.

Suponiendo que las cosechas sean normales por haber sido abundantes y oportunas las lluvias, examinemos la distribución real que se hace de los cereales. Los hacendados separan la cantidad que creen necesaria para sus necesidades actuales y futuras y remiten el resto, que es la mayoría de la cosecha, a la Capital; en otras palabras, las 8,896 cargas de las haciendas no se distribuyen entre los habitantes, reduciéndose la ración teórica anual, de 180 cuartillos, a la que señala la cosecha de los pequeños terratenientes, que es de 6,630 cargas, divididas entre 8,323 habitantes, o sea una ración de 76.5 cuartillos anuales, esto es, 500 gramos diarios, con lo que es materialmente imposible que subsista un niño, ya no un adulto. ¿Cómo vive entonces esa población?, se pregunta. Muy mal, contestamos nosotros, que hemos empadronado uno por uno a los 8,330

---

[1] Los hacendados aseguran que cosechan 4,890 cargas de cebada; pero la cebada no se incluye en estas consideraciones, porque los pobladores del valle tienen aversión a comerla, exceptuando épocas de extremada miseria, en que se ven forzados a hacerlo.

[2] El cuartillo equivale a 1.89 litro o 2.457 kilos.

habitantes del valle y que, por tanto, atestiguamos positivamente el estado de miseria fisiológica y de abandono en que se debaten esos desheredados, principalmente los niños y las mujeres, pues los braceros tienen por fuerza que acaparar mayores raciones por exigirlo así las labores que desempeñan para ganar su pobre pitanza.

Supongamos ahora que el año sea malo, porque las lluvias hayan sido extemporáneas o muy escasas, lo que de modo indefectible hace que se pierda la mayoría de cosechas de los pequeños agricultores, que, con rarísimas excepciones, carecen de aguas para regadío y, por tanto, están sujetas sus tierras a la fertilización de las lluvias. Los hacendados, que, merced a las aguas de sus manantiales y ríos, cosechan normalmente en sus tierras, envían sus cereales a la Capital y aprovisionan lo que necesitan para las próximas siembras y para el consumo de las haciendas. ¿Qué hace entonces la gente del valle? La ración disminuye aterradoramente y los braceros emigran en masa a trabajar a otras regiones; algunos de los habitantes importan el maíz a precios exorbitantes, y, en muchos, muchísimos casos, perecen o enferman por falta de alimentación. Como ejemplo elocuente, están los años de 1912 y 1915, en los que, por escasez e inoportunidad de las lluvias, la miseria y el hambre llegaron al extremo de que la mayoría de la población procuraba subsistir ingiriendo una pequeña cantidad de maíz, a la que mezclaba una o varias partes de *metzal*, o sea la raspadura del maguey, que no es otra cosa que celulosa. En ese tiempo se desarrolló la influenza en el valle y era tal la decadencia fisiológica de sus habitantes, que la proporción de mortalidad en algunos pueblos, como Atlatongo, San Francisco, etc., etc., fué de un 25%, según datos directamente tomados por la Dirección de Antropología, que, para remediar en parte esa situación, distribuyó maíz a precios muy reducidos.

Este desequilibrio alarmante en la distribución de los vegetales alimenticios producidos en el valle, es, en parte principal, consecuencia directa del desequilibrio en cuanto a propiedad de tierras a que antes nos referimos.

La habitabilidad.—Antes de analizar las condiciones de habitabilidad que presenta actualmente el valle, es necesario tener presente que sus actuales condiciones geográficas varían algo de las que ofrecía en tiempos pretéritos.

No detendremos nuestra atención en la remota época de las convulsiones volcánicas y tectónicas que dieron origen a las montañas que limitan el valle, pues entonces la planta humana no lo había hollado.

Dos cambios geográficos, uno efectuado fuera del valle, el otro dentro de sus límites, sintetizan las diferencias entre su aspecto actual y el que ofrecía en tiempos prehispánicos y coloniales: 1º—La construcción del dique de Acolman durante la época colonial. 2º—La desaparición, en estos últimos años, del lago de Texcoco.

La existencia del lago de Texcoco, que estaba situado a trece kilómetros de Teotihuacán hacia el S.E., así como su vegetación inherente, tanto lacustre como ribereña, contribuían a facilitar y regularizar la precipitación pluvial, pues si las evaporaciones de las aguas normalizaban el estado higrométrico de las regiones circunvecinas, en cambio la influencia de la vegetación hacía precipitarse en lluvias benéficas las brisas húmedas, principalmente la del N. En la actualidad, cuando el antiguo lecho es un desierto polvoso y estéril durante la mayor parte del año y un gran charco de pocos centímetros de profundidad en la estación de lluvias, las regiones cercanas, entre ellas el valle de Teotihuacán, han dejado de recibir las favorables influencias que se derivaban del antiguo vaso. Además, contribuyen a hacer poco abundantes e irregulares las lluvias en dicho valle, las áridas montañas o cerros relativamente altos que lo rodean y que impiden el paso de los vientos húmedos.

Lo anteriormente expuesto explica hasta cierto punto que, aunque la región de Teotihuacán es un sub-valle del valle de México, aquélla es algo más seca que éste por razón de ser menor la precipitación pluvial, en tanto que en el valle de México es mayor por existir en él vasos cerrados, como el de Xochimilco, y por estar limitado, principalmente al S., por boscosas serranías.

Sin embargo, las condiciones de habitabilidad son bastante favorables. Las aguas, manantiales y corrientes subterráneas son generalmente potables. La temperatura media, quince grados centígrados, es poco variable, en general, y hace que el ambiente de la región quede a salvo de los extremos climatéricos que caracterizan a nuestras costas o a lugares más septentrionales. Las montañas que están hacia el N. y el N.W. abrigan al valle de los vientos fríos. La altura del valle, 2,280 metros sobre el nivel del mar, constituye relativamente un obstáculo para el desarrollo normal de la vida humana.

Además de los inconvenientes derivados de la altura, hay enfermedades que contribuyen a la mortalidad que se observa en el valle; pero no siendo directamente ocasionadas por las condiciones físicas del terreno, como sucede con las producidas por la altura, nos referiremos a ellas al tratar de la población.

§ 3.—LA POBLACIÓN

El estudio de la población del valle de Teotihuacán presentó serias dificultades a la Dirección de Antropología, pues hubo necesidad de hacerlo directa y experimentalmente en casi todos sus puntos por el personal de la misma, en vista de que la mayor parte de las informaciones particulares y oficiales que pudieron hallarse referentes a ella, era del todo incompleta, unilateral y errónea. No se pretende, por otra parte, que las investigaciones efectuadas por el personal citado digan la última palabra sobre tan difícil y complicado problema, ni siquiera que las conclusiones que se obtengan sean suficientemente satisfactorias; pero sí puede afirmarse que lo expuesto en esta obra es lo menos alejado de la verdad que hasta hoy se investiga y publica respecto a las poblaciones regionales de México y principal y especialmente a la que habita el valle de Teotihuacán.

Con el fin de hacer más comprensible esta síntesis, así como las conclusiones finales que la siguen, anticipamos aquí sumarias conclusiones preparatorias, las que, por otra parte, nos justificarán ante quienes supongan que exagerada y casi exclusivamente pretendemos explicar el actual fenómeno social que presenta esa población, por la influencia que ejercieron en ella los hechos históricos, dada la extensión que se concede en esta obra a los citados períodos colonial y prehispánico. No ha sido tal nuestra intención, sino que, por circunstancias que no fueron buscadas ni inventadas por nosotros, el desarrollo que en realidad tuvieron en el valle esas poblaciones pretéritas, fué incomparablemente más amplio y floreciente que el de la actual. Es natural que creamos que diversos factores complementarios influyeron e influyen poderosamente en el actual desarrollo de la población que estudiamos; así que, si por los motivos indicados, concedimos lógica importancia a los antecedentes históricos, se prestó también especial atención a otros factores, sin los cuales sería imposible formarse un concepto integral, social, psíquico, étnico, económico, etc., etc., de la población considerada.

La población del valle presenta en sus tres etapas de desarrollo, precolonial, colonial y contemporáneo, una evolución inversa o descendente. En efecto, durante el primer período los habitantes de la región ostentaban un floreciente desarrollo intelectual y material, según lo demuestran copiosas tradiciones y los majestuosos vestigios de todo género que nos han legado. La época colonial significó decadencia para la población, que perdió su nacionalidad, pues las leyes, el gobierno, el arte, la industria, la religión, los hábitos y las costumbres aborígenes se vieron destruídos u hostilizados sin cesar por la cultura de los invasores, que poco o nada supieron o quisieron darles a cambio de lo que les arrancaban; apenas si se conservó la raza y la propiedad agraria, aunque bastante mermada, pudiéndose citar como único florecimiento en esos siglos de obscuridad, el de la arquitectura, obra de españoles influenciada por las tradiciones artísticas indígenas. Durante el último período, o sea desde principios del siglo XIX hasta la fecha, se ha acentuado de modo alarmante aquella decadencia, pues los habitantes han perdido casi en su totalidad lo único que poseían, que era la propiedad agraria; en cuanto a los derechos y prerrogativas inherentes a la nacionalidad libre que les prometiera el movimiento independiente de 1810, permanecen casi tan olvidados e inefectivos como si vivieran en la época colonial. ¿A qué se debe esa fatal y continuada decadencia que amenaza aniquilamiento absoluto? ¿Por qué medios factibles y lógicos puede hacerse reaccionar favorablemente el desarrollo de esa desventurada población?

El censo de la población.—Como se ha repetido en páginas anteriores, el objeto de la Dirección de Antropología consistió, al iniciar este estudio, en procurar el conocimiento de la región de Teotihuacán, así como el de los aspectos diversos que presentan sus pobladores, tanto en lo relativo a su desarrollo físico como a las características materiales e intelectuales de su civilización, a fin de poder deducir autorizadamente la manera de mejorar las condiciones de aquel desarrollo y hacer más eficientes estas características. Como era imposible identificar y seleccionar de pronto los aspectos que iban a estudiarse, puesto que eran muy contados los datos que existían sobre la población, se hizo indispensable hacer una apreciación preliminar y superficial de dichos aspectos para considerarlos posteriormente con toda atención. El medio más práctico y rápido para conseguir ese objeto consistió en hacer un censo de la población, y a ello se procedió desde luego. Varias circunstancias, entre ellas la heterogeneidad étnica de los habitantes y los distintos grados de civilización que presentan éstos, hicieron que no se adoptaran fielmente los sistemas de censos extranjeros efectuados en poblaciones que son racial y culturalmente homogéneas, sino que se innovaran y reformaran tales sistemas, de acuerdo con las peculiares condiciones de la población, consistiendo las innovaciones en agregar a los datos que generalmente se adoptan en las cédulas, los correspondientes a las características de *raza* y *civilización* de los habitantes; se hizo, en resumen, un *censo integral*.

En las siguientes líneas se ampliarán los motivos que nos movieron a innovar el censo, haciéndose ver también el carácter de los censos anteriores y la deficiencia de los datos que existen sobre la región; por último, exponemos y comentamos el *censo integral* hecho por el personal de la Dirección de Antropología.

Los censos pretéritos.—Aun cuando la población del valle de Teotihuacán está uniformemente sujeta a las análogas condiciones geográficas, climatéricas y biológicas que presentan los diversos lugares que forman dicho valle, se nota en ella diferencias de aspecto físico, de ideas, de hábitos, de costumbres, de aspiraciones y de necesidades que sólo el transcurso del tiempo y un continuado proceso de homogeneización, tanto artificial como natural, harán desaparecer.

Sin embargo, si se consultan los censos pretéritos, incluyendo el de 1910, hechos con respecto a esa población, se deduce que ésta es homogénea en todos sus aspectos, pues consta de determinado número de habitantes de raza blanca, avecindados en tales o cuales pueblos o haciendas, comprendidos en cierta escala de edades, alfabetos o analfabetos, ocupados en diversas labores y unidos matrimonialmente por vínculos legales o eclesiásticos; además, se señalan las cifras correspondientes a natalidad y mortalidad; por último, se registra a la población como profesante del catolicismo romano.

Examinando esos datos, ocurre comentarlos desde dos puntos de vista: 1º—¿Son verídicos o deficientes? 2º—En caso de ser verídicos dichos datos, ¿cuál es su verdadera importancia para el conocimiento del complejo fenómeno social que entraña la vida de una agrupación humana como la que habita el valle? 1º—En buena parte, esos datos no son verídicos; así, que las conclusiones que de ellos se deducen resultan por fuerza desautorizados y hasta contraproducentes. Consideraremos, como ejemplo, el aspecto lingüístico-racial; conforme al exclusivo e ilógico uso del sistema lingüístico, fueron clasificados como blancos los habitantes de Teotihuacán por el hecho de que no hablan idiomas indígenas, sino lengua castellana, que es el idioma de la población blanca. Esta artificial clasificación no significa, por supuesto, que, en realidad, la mayoría de los habitantes no siga siendo de raza indígena y de costumbres indígenas, por más que diversas circunstancias los hayan hecho substituir el idioma azteca por el castellano. Ahora bien; las características anatómicas, fisiológicas y patológicas de blancos e indios no son las mismas; difieren desde varios puntos de vista, siendo, entre ellos, el más importante, quizá, la adaptación al medio físico, biológico y climatérico del territorio, adaptación que en los segundos está más avanzada, pues se ha efectuado en decenas de siglos, en tanto que en los primeros apenas se está iniciando. Los indios son muy sensibles a ciertas enfermedades importadas de Europa, como la viruela, en tanto que los blancos son más resistentes; la sífilis, que es muy antigua en América, hace, en cambio, más destrozos entre los blancos que entre los indígenas; de esos ejemplos podríamos citar muchos otros. ¿Cómo, entonces, hacer apreciaciones correctas de una población que se considera erróneamente como blanca, pero que en realidad es indígena en su mayoría? 2º—Suponiendo que los datos discutidos en el párrafo anterior fueran exactos y autorizadas las condiciones correspondientes, veamos cuál es su importancia para el estudio de la población: *Número de habitantes, lugar y raza a que pertenecen, edades, ocupaciones e idiomas, natalidad, mortalidad, nupcialidad, religión, alfabetismo y analfabetismo.* ¿Son suficientes esos datos para conocer las complejas características integrales de una agrupación humana y las complementarias de sus antecesores? El carácter de los antecedentes históricos y aun las viejas tradiciones que han sido transmitidas verbalmente, pero que influyen de manera poderosa en la existencia actual; las múltiples expresiones del sentimiento artístico; los métodos comerciales y los sistemas industriales y agrícolas; las tendencias políticas; los hábitos y costumbres, etc., etc., todo esto que los censos pretéritos no consideran, por más que sea tan interesante como lo que sí tomaron en cuenta, ¿no contribuye a integrar la vida de los habitantes del valle? ¿todo esto no debe ser conjunta y armónicamente estudiado para que las conclusiones obtenidas converjan hacia el conocimiento integral de dicha población? Creemos que sí, dejando al lector que honrada y juiciosamente califique nuestra opinión.

En lo relativo a nupcialidad, se ha investigado por esta Dirección que los censos oficiales sólo acusaban el número de matrimonios efectuados de acuerdo con las leyes vigentes; pero que desdeñaban el de los llamados religiosos, que son en mayor número, y el de los concubinatos, que suman cifras considerables, lo que, forzosamente, desorienta toda conclusión. La natalidad fué también objeto de inexactas apreciaciones, pues si bien casi todos los niños están bautizados, dado el espíritu religioso de sus padres, muy pocos son presentados al Registro Civil, por lo que, naturalmente, los correspondientes datos oficiales son muy deficientes. No hay cifras relativas a mortalidad; pero, suponiendo que existieran, no serían correctas, pues habría la seguridad de que las enfermedades causantes no fueron correctamente identificadas, ya que no hay en esta y otras regiones de la República un solo médico profesional que extienda los respectivos certificados de defunción.

¿Qué cantidad y movimiento de población señalan los censos pretéritos relativos a la población del valle de Teotihuacán? Si el censo de 1910 presenta grandes deficiencias, según hemos procurado demostrar, es lógico suponer que los anteriores sean menos satisfactorios aún, como en efecto sucede. Sin embargo de esto, procuraremos dar una idea aproximada de la cantidad y el movimiento de la población, por considerarla indispensable para la mejor comprensión del censo efectuado por la Dirección de Antropología.

La extensión e importancia de los poblados prehispánicos de la región, cuyos vestigios aun se conservan, permite aventurar, para la población total, un número diez, veinte o más veces mayor que el de la actual, es decir, que los habitantes prehispánicos del valle, principalmente durante el florecimiento teotihuacano, deben haber sido cien o doscientos mil. Para sustentar esta hipótesis, que podría aparecer exagerada, basta considerar solamente la ciudad de Teotihuacán, desdeñando los numerosos poblados que la rodean. Excavaciones y sondeos efectuados por la Dirección de Antropología demuestran, por los vestigios de pisos y construcciones encontrados, que la parte principal de la ciudad se extendió por más de seis kilómetros de largo, siendo de dos o tres el ancho. Decimos que esa parte es la principal,[1] pues está formada por grandes edificios, casi todos de carácter religioso, según lo prueban las imágenes y objetos rituales hallados; es muy probable que la población pobre de la ciudad se extendiera más lejos todavía, por más que aparentemente no se encuentren vestigios de sus habitaciones, lo que es explicable si se considera que éstas deben haber sido bien humildes y de materiales deleznables, en tanto que los templos eran de roca y mampostería o estaban revestidos con estos materiales. Creemos, pues, que no es exagerado suponer que en todas las poblaciones del valle existieron más de cien mil habitantes.

Es indudable que el derrumbamiento definitivo de la civilización teotihuacana motivó grandes emigraciones del valle; pero, con todo, siglos después, cuando la región estaba sojuzgada por el reino de Texcoco, la población era todavía abundante, según se colige por el número de poblados tributarios que cita la historia.

Sequías, epidemias, emigraciones y otras causas, siendo una de las principales la miseria regional, hicieron que la población disminuyera rápidamente durante la época colonial, pudiéndose afirmar, sin embargo, que siempre fué mucho más elevada en número que la actual. Durante el siglo XIX se acusa en el valle el número menor de habitantes que ha tenido en su historia, análogo al que hoy presenta y que es el 5 o 10% del que tuvo en épocas de florecimiento.

Nada puede ser más elocuente para demostrar el estado de decadencia de esta población, que la citada disminución numérica, la que no obedece a causas naturales inevitables, como serían emigraciones por accidentes volcánicos o tectónicos, inundaciones, esterilidad progresiva de

---

[1] Hay que advertir que la ciudad arqueológica se extiende mucho más lejos que la cerca de alambre que limita actualmente la llamada *zona arqueológica*, de la cual se hace mención en la segunda parte de esta obra.

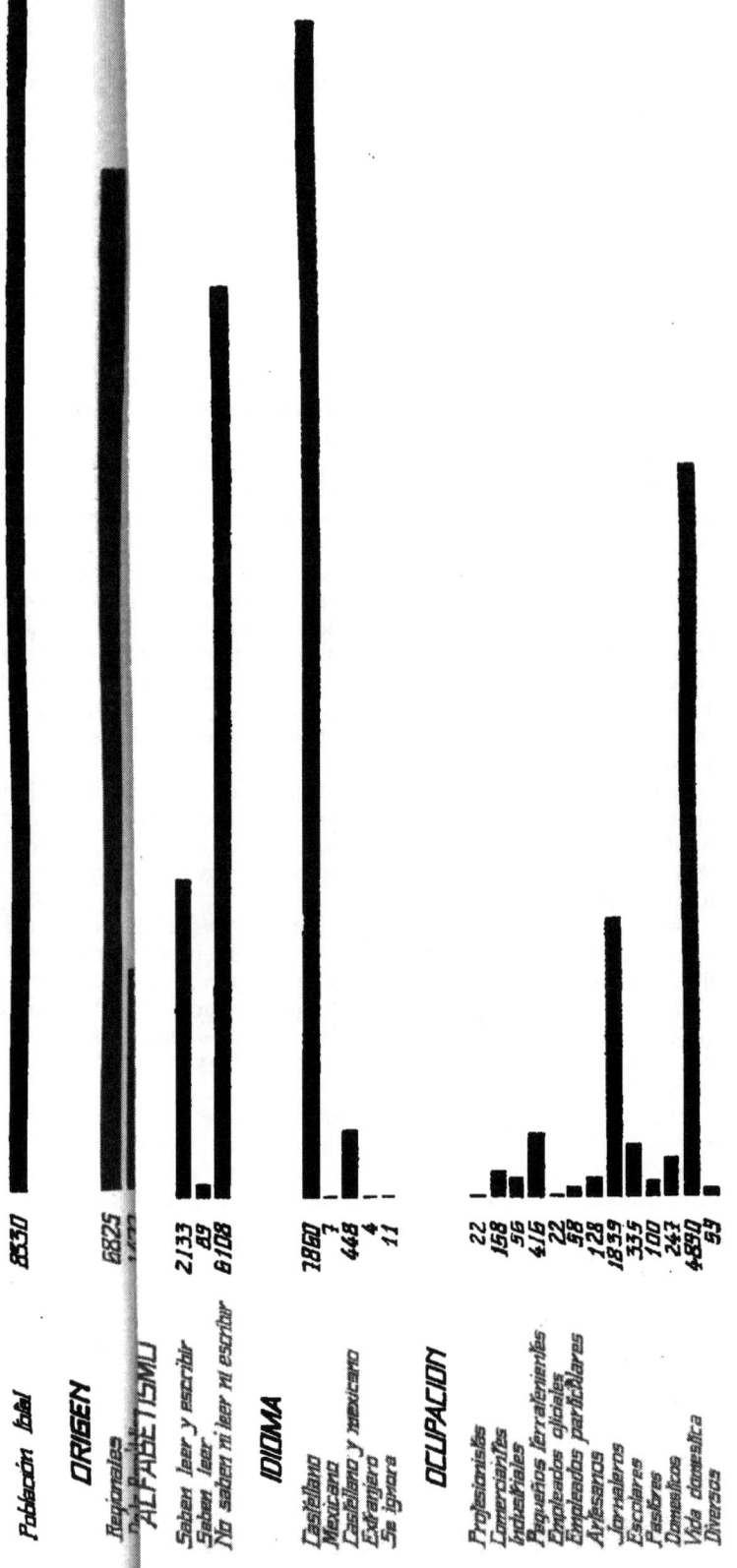

las tierras, etc., etc. El suelo es fértil, regado en gran parte y fácilmente irrigable en los lugares en que no lo está; la producción agrícola, satisfactoria; el clima, sano; el comercio podría ser próspero, dadas la cercanía de la región a la Capital—cuarenta y cinco kilómetros—y la facilidad y economía de los medios de comunicación. Las causas de esta decadencia son otras, y podrán conocerse en el curso de esta obra, cuyo objeto principal es el de procurar en todos sentidos la mejoría de la población regional de Teotihuacán.

Expuestos los anteriores indispensables antecedentes, pasaremos a referirnos al censo efectuado por la Dirección de Antropología.

El censo integral hecho por el personal de la Dirección de Antropología.—Las investigaciones se hicieron directa y personalmente con cada habitante del valle, por empleados de la Dirección de Antropología, que poseían conocimientos antropológicos y sociológicos más o menos satisfactorios; pero superiores siempre a los de los antiguos empadronadores.[1]

Las cifras y datos resultantes aparecen en la tabla adjunta (*lámina 3*).

Comentaremos sucintamente esos datos, según el orden en que están expuestos.

Número.—Siendo de 10,500 hectáreas la superficie del valle[2] y de...... 8,330 el número de sus habitantes, la densidad por kilómetro cuadrado es de 79 habitantes. Esta densidad, que es relativamente alta si se compara con la de muchas otras regiones del país, debería significar teóricamente una múltiple división y una intensiva explotación del suelo y, por tanto, una floreciente situación económica. Desgraciadamente, según ya dijimos al referirnos a la propiedad y producción del suelo, las condiciones existentes son otras muy desfavorables, sucediendo que, en realidad, mientras más alta sea la densidad de la población por kilómetro cuadrado, más pronunciado será el malestar económico de sus habitantes. Esto, por supuesto, en tanto que no se efectúen las reparticiones de tierra que se proponen en las conclusiones finales, expuestas a continuación de esta síntesis.

Origen.—El dato más significativo consiste en que sólo existen 14 extranjeros en una población de 8,330 individuos. Esto contribuye a explicar elocuentemente que la mayoría de la población permanece incorporada a la civilización indígena o civilización retrasada, pues no cabe duda que si un buen número de inmigrantes de origen extranjero estuviese establecido en la región, influiría grandemente en extender el radio de acción de la civilización moderna y en intensificar el mestizaje. Se argüirá, quizá, que un número regular de habitantes—1,477—es de inmigrantes de otras regiones de la República; pero a eso replicaremos que esos emigrantes son generalmente campesinos y trabajadores de cultura igual o inferior a la de la mayoría de la población del valle, o sea la indígena.

---

[1] En la quinta parte de esta obra aparece en detalle el sistema seguido para la formación de este censo.
[2] El valle está considerado en esta obra hasta las faldas de los cerros, según puede verse en el plano correspondiente.

Desgraciadamente, la inmigración de colonos o trabajadores extranjeros al valle no suministraría resultados favorables, por varios motivos. Desde luego, la extensión laborable del valle, que es de 10,500 hectáreas aproximadamente, no permitiría dotarlos de tierras, ya que, suponiendo distribuídas las tierras entre la población actual, 8,330 habitantes, que casi todos son campesinos, les correspondería a poco más de una héctarea si se hiciera la repartición indistintamente entre hombres, mujeres y niños, como sucede con las dotaciones a los indios de Norte-América. Si la distribución fuese entre familias, calculadas en cuatro personas, tocaría a cada una poco más de cuatro hectáreas. En cualquiera de los dos casos se nota que no habría suficientes tierras para dotar también a colonos extranjeros, puesto que las que correspondieran a los actuales habitantes serían ya bastante reducidas.

En cuanto a braceros o trabajadores de jornal, huelga decir que no aceptarían los pobres salarios que en la región se pagan, ni podrían luchar con la competencia económica de los braceros regionales, por sus estrechas y frugales condiciones de vida.

Sexo.—Nada tenemos que observar respecto a este punto, pues la proporción sexual que señala es normal.

Edad.—Examinaremos primero a los niños empadronados desde un día hasta un año de edad; el número total de ellos es de 284.

Ahora bien; ¿es normal esta cifra en una población que en el mismo censo presentó 1,306 matrimonios, incluyendo los de carácter religioso, civil y natural? Indudablemente que no, pues lo lógico es que, aun descontando los casos de accidentes prenatales, defunciones durante el parto, etc., que supongamos sean 200, lo que ya es exagerado, las criaturas nacidas deberían sumar no menos de 800. ¿Por qué en vez de 79% de criaturas nacidas de 1,306 matrimonios, sólo acusa el censo un 21%, o sean 284?

La causa de esta aparente paradoja consiste únicamente en la normal y desoladora mortalidad infantil que se observa en la región. La población es genésicamente normal, y hasta fecunda pudiera considerársele, de manera que en realidad nacen más de mil niños anualmente; pero de ellos, el 75 o el 80% como mínimo, perece durante la primera infancia por falta de alimentación adecuada para ellos y para las madres que los lactan, por falta de cuidados en general, por accidentes de la dentición y otras enfermedades infantiles y por la viruela, que diezma a la población infantil, pues hasta hace poco que esta Dirección cuidó de vacunar anualmente a quienes no lo están, no se seguía regularmente tal práctica.

Natural es que los niños que logran pasar de la primera infancia sean ejemplares seleccionados, que resisten posteriormente con éxito los efectos adversos del medio en que se desarrollan. Esto explica, a nuestro modo de ver, que en la lista de edades se encuentre que los niños hasta de diez años constituyen los sumandos mayores de la población, pues es el período que pudiéramos llamar de su florecimiento y todavía no comienza la vida de labor, que en la región se inicia prácticamente desde los diez años, puesto que entonces comienzan a trabajar en los duros quehaceres del campo y de la casa, cualquiera que sea su sexo.

En la población de 10 a 50 años se nota un marcado y casi regular descenso numérico. Es la época de grandes esfuerzos, de grandes miserias y de contados goces para esta población. Durante ella parece hacerse una segunda selección, que explica el hecho de que 801 individuos, o sea el 10%, cuenten más de 50 años de edad.

Nupcialidad.—El número de matrimonios que se observa en el valle es mayor en proporción que el que existe en otras regiones de la República. Esto, entre otros motivos, se debe probablemente a que la mayoría social está constituída por indígenas, los que, como es bien sabido, se casan a una edad relativamente temprana.

Desde luego se advierte que hay anormalidad en las proporciones que presentan los matrimonios de diversas clases efectuados en la región. En efecto, en 1,306 matrimonios, 77 son reconocidos sólo por el Estado, 714 por la Iglesia Católica nada más y 267 por el Estado y la Iglesia, en tanto que 247 uniones han sido naturalmente efectuadas, es decir, sin la intervención de aquél y de ésta. Desde diversos puntos de vista podría comentarse esa heterogeneidad nupcial; pero sólo expondremos los más interesantes: el legal, el moral y el económico. Se explica que sólo 77 casos, o sea el 5.8% de uniones, se hayan efectuado civilmente, porque esta población ignora los altos fines del Registro Civil y en ocasiones porque se exigen pagos indebidos. Por otra parte, la tradición indígena, que vive palpitante en la mayoría de la población, todavía no deja infiltrar las nuevas ideas, y el matrimonio civil es una de éstas, ya que no existía en la época prehispánica ni en la colonial y sólo hasta hace poco más de medio siglo se instituyó.

La ceremonia nupcial religiosa revistió alta importancia entre las agrupaciones indígenas del México prehispánico, bastando examinar, para convencerse de ello, los códices y las crónicas históricas. Los teotihuacanos y sus sucesores, los tezcocanos, no eran excepcionales a este respecto, según podrá verse en la segunda parte de esta obra, en que están descritas sus solemnes ceremonias nupciales.

Después de la Conquista, los frailes españoles emplearon fructuosamente, como uno de los medios de catequización y sojuzgamiento moral de los indígenas, el matrimonio católico, en vez del indígena; pero como era conveniente, para sus propósitos ulteriores, ir desterrando las ideas y ceremonias de este último, los casamientos revistieron una forma mixta a fin de que insensiblemente pudiera hacerse la implantación del sacramento católico. En la población de Teotihuacán la obra de catequización alcanzó gran éxito, principalmente los bautismos y matrimonios, pues se hizo con toda amplitud e intensidad, según se verá en la tercera parte de esta obra. Es natural, por tanto, que el mayor número de uniones sea religioso, no obstante los crecidos derechos que exigen los párrocos y la miserable situación de los habitantes. Las 247 uniones naturales o libres, se preguntará, ¿son de gente viciosa, despreocupada o libre pensadora? Lejos de ello, pues se trata de aquellos que están tan pobres, que les es materialmente imposible pagar el menor derecho para casarse. En nuestras ciudades, por la opinión pública, generalmente, las uniones libres son anormales y condenadas, estando sujetos los hijos al estigma social. En la población de Teotihuacán no sucede eso. Las uniones naturales son consideradas con igual criterio que las civiles o religiosas. Los hijos que de ellas nacen conviven con las de estas últimas en absoluta igualdad de condiciones, no pudiendo menos de ser así, pues en las uniones libres de la región no se buscan los placeres vedados, sino la fundación de una familia, que es tan moral y tan respetada por el vecindario como la civil o la religiosamente constituída. Ya dijimos que la causa primordial de que estas uniones no estén sancionadas por el Estado o la Iglesia, o por ambos, consiste en la miseria de los cónyuges, que, si apenas tienen medios para subvenir a sus más urgentes necesidades, menos podrían pagar altos derechos por ver ritualmente reconocida su unión, o sufrir las innecesarias molestias que la ceremonia civil acarrea.

De lo anterior se deducen las siguientes críticas desfavorables respecto a la nupcialidad que se observa en el valle: el insignificante número de matrimonios civiles indica, como antes dijimos, el desdén de la población por las leyes con que se pretende regirla, porque generalmente no están adaptadas a su modo de ser. Por lo contrario, el alto número de los matrimonios religiosos acusa el predominio casi exclusivo que ejerce la Iglesia en el alma de la población. Desde el punto de vista legal, sucede, en ocasiones, que los hijos de quienes no tienen acreditado su estado civil, carecen de personalidad en los intestados, quedando despojados de bienes que por todos conceptos les debieran corresponder.

En las conclusiones indicaremos lo que creemos que debe implantarse para mejorar la nupcialidad regional.

Raza.—Ya hemos aludido al error en que se incurrió en los censos pretéritos relativos a esta población, al clasificarla como blanca por el hecho de que habla el idioma español, no obstante que con sólo observarla superficialmente se comprende que está formada por indígenas, mestizos y blancos, constituyendo aquéllos la mayoría. Las razones que ya expusimos sobre lo indispensable que era determinar el número de estos agregados étnicos, nos movieron a desafiar las dificultades que tan ardua tarea entraña, dificultades que, no obstante nuestro tenaz esfuerzo, no pudimos vencer en totalidad.

¿Cómo establecer satisfactoriamente las diferencias raciales entre blancos, indios y mestizos y cómo identificar racialmente a los indígenas en una región que ha sido habitada desde tiempos prehispánicos por agrupaciones de tipo étnico distinto?

Como, según ya dijimos, el censo tenía un carácter de apreciación provisional y teniendo en consideración que el personal que lo efectuaba poseía determinados conocimientos antropológicos, se decidió hacer una clasificación primaria de aquellos tres grupos, de acuerdo con el aspecto físico exterior de los habitantes. Después, al hacer detenidamente el estudio del tipo físico de los mismos, se investigaría con método científico si

a).—Tipo de hombre indígena del valle de Teotihuacán.

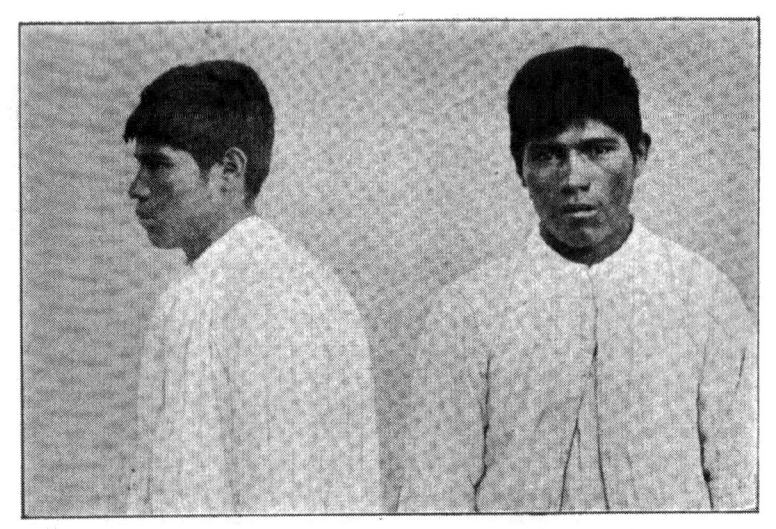

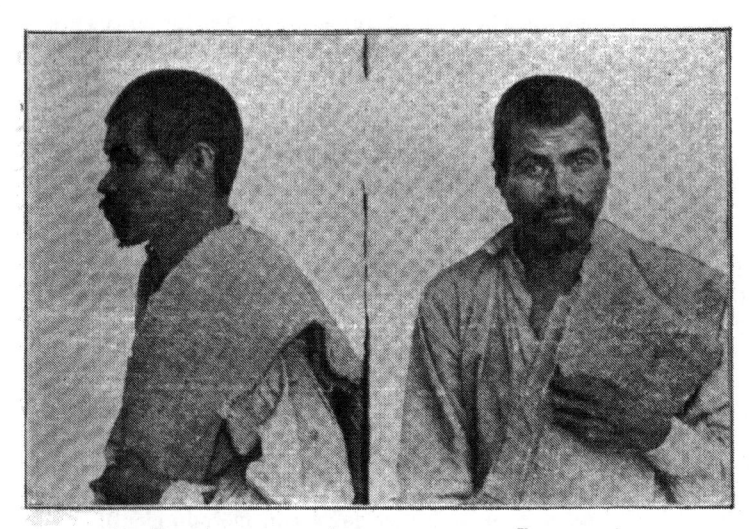

b).—Tipo de hombre indígena del valle de Teotihuacán.

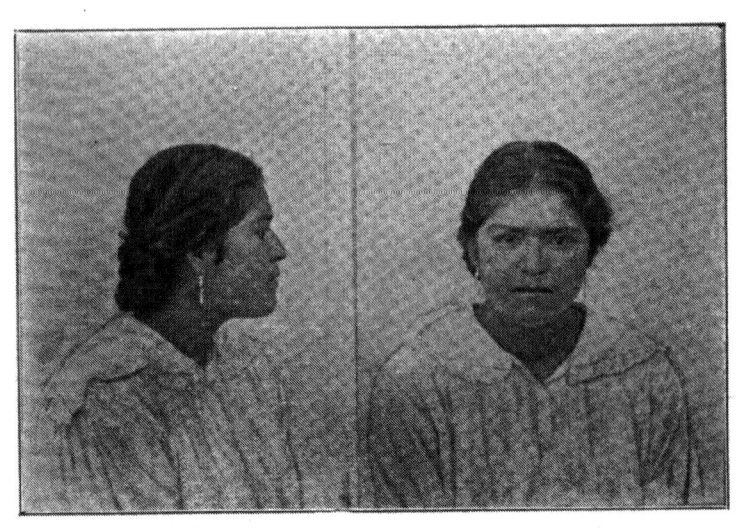

LA POBLACIÓN DEL VALLE DE TEOTIHUACÁN *Introducción. Lámina 5.*

a).—Tipo de mujer indígena del valle de Teotihuacán.

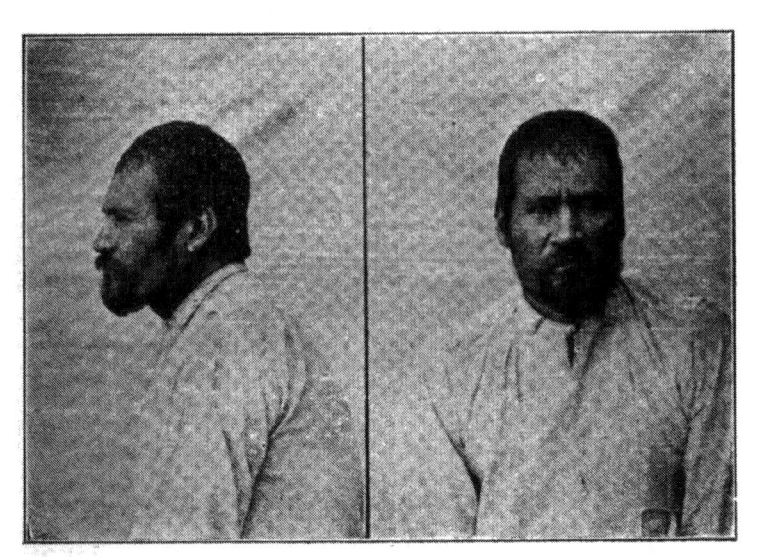

b).—Tipo de hombre mestizo del valle de Teotihuacán.

la clasificación de los empadronadores podría respetarse. Así se hizo,[1] tomándose las medidas antropométricas correspondientes en grupos representativos, los que se diferenciaron por la consideración de varias de sus características y del índice suministrado por los diámetros bi-zigomático y transverso máximo, según el método preconizado por el doctor Jenks[2] (*láminas 4 y 5*). Al comparar estos últimos resultados con las apreciaciones antes citadas de los empadronadores, se vió que la división primaria que se había hecho podía ser aceptada.

Respecto a la denominación étnica que corresponde a los indígenas de Teotihuacán, sería de discutir largamente, y esto no vale la pena por ser una cuestión de terminología.

En cuanto a los datos de la lámina número 3: indígenas, 5,657; mestizos, 2,137, y blancos, 586, sorprende que en región tan cercana a la Capital los indígenas formen mayoría y los blancos insignificante minoría, no obstante que hace cuatro siglos están en contacto. Se explica que durante la época colonial el mestizaje no haya podido fomentarse, debido a trabas de todas clases que se opusieron a su desarrollo, incluyendo las de orden legal; pero extraña que después de la Independencia, que barrió con algunos de esos obstáculos, la situación haya seguido en condiciones análogas. Sin embargo, no hay en la comarca verdadero problema racial, como sucede en otras regiones del país. En efecto, no existe repugnancia por el indio, sino que, como éste casi siempre es pobre, se le desdeña por su situación humilde, mas no por el individuo mismo. Ahí se observa, como en muchas otras regiones de la República, que, económicamente, el indio ocupa el nivel más bajo, sigue el mestizo en escala ascendente y después el blanco. Cuando el indio consigue enriquecerse o distinguirse en otros sentidos, puede sin tropiezo alguno mezclarse con las otras clases o, mejor dicho, con la raza blanca, pues con la mestiza está siempre en contacto. Si hoy la población mestiza forma más de la tercera parte de la población, es indudable que cuando la situación económica del grupo indígena mejore—cosa que no tardará en suceder, dada la urgencia que hay para ello—, el mestizaje aumentará hasta generalizarse en toda la población, que entonces habrá dado un gran paso en su evolución con el solo hecho de ser racialmente homogénea.

Civilización.—Cuando grupos sociales que integran una sociedad o población poseen, aunque con diversas modalidades, los atributos de una misma civilización o cultura, no es indispensable considerar este factor al empadronar aquellos grupos. Tal es el caso en los más adelantados pueblos modernos, como Francia, Alemania y otros, en los que todos los habitantes están incluídos en un mismo tipo de civilización o tipo cultural, por más que éste presente distintos grados de desarrollo. En cambio, cuando los grupos sociales que integran una población pertenecen a distintos tipos de civilización, es conveniente clasificar esos grupos dentro de los tipos culturales o de civilización que les corresponden, aun cuando

---

[1] En la quinta parte de esta obra aparece esta investigación.
[2] A. Jenks. *Indian White Amalgamation*. The University of Minnesota Studies in the Social Sciences. Minneapolis. 1916.

las civilizaciones que están en contacto sean igualmente modernas, según es el caso en extensas regiones del S. de los Estados Unidos, en los que cierto número de habitantes está incorporado a la cultura de tipo anglo-sajón, en tanto que en los descendientes de españoles persisten tenazmente numerosas características de la civilización de tipo español. Si no se procede así, es natural que el sociólogo y el legislador que estudien los datos de un censo en esa región no podrán deducir conclusiones ni leyes justa y legítimamente aplicables a grupos sociales que están incorporados a civilizaciones relativamente diferentes. Y si hay que hacer estas consideraciones cuando se trata de civilizaciones modernas que son análogas y convergentes, como las arriba citadas, ¿qué diremos del contacto en que están la civilización moderna que presentan las minorías dirigentes de los países indo-hispano-portugueses y la civilización indígena atrasada en cuatro siglos que caracteriza a las enormes mayorías indígenas? Pues bien, las poblaciones de México y de los países que le son culturalmente similares en Centro y Sud-América consideraron siempre a la totalidad de los habitantes como perteneciente al tipo de civilización avanzada a que pertenecían las minorías dirigentes, siendo esto la causa más trascendental del malestar en que, de tiempos inmemoriales, se han debatido esos pueblos, ya que de esa errónea apreciación nació, como consecuencia lógica, la institución de leyes derivadas de las necesidades y aspiraciones de aquellas minorías dirigentes de civilización avanzada y, por tanto, perfectamente adecuadas a ellas, pero ilógicas, inadecuadas y opresivas para las grandes masas indígenas, cuya civilización, primitiva y retrasada por los cuatro siglos de letargo a que las forzaron sus dominadores, era y es muy inferior en grado evolutivo a la de aquellas minorías y muy inferior también, por decadente y degenerada, a la que poseían en floreciente desarrollo antes de la Conquista. Resumiendo, el hecho es éste: hay en México dos grandes agrupaciones sociales conviviendo en el mismo territorio; una (numéricamente inferior) presenta civilización avanzada y eficiente, y la otra (numéricamente mayor) ostenta civilización retrasada. Estas agrupaciones están en los albores del quinto siglo de pugna cultural y, sin embargo, la situación es hoy casi igual a la que se inició con el gobierno de Cortés; la agrupación más numerosa, pero culturalmente retrasada, permanece en el mismo desolador estado de decadencia y de miseria material e intelectual en que estuvo entonces y, en cambio, la agrupación menos numerosa, pero culturalmente avanzada, posee, como antes, la dirección política, la riqueza, el conocimiento científico, todo lo que, en fin, puede brindar la civilización moderna. ¿A qué se debe ese estancamiento anormal de las mayorías indígenas? se preguntará. ¿Por qué, si están en contacto con una civilización más avanzada, no se incorporan a ella? ¡Porque no pueden!, contestaremos, y porque los que pertenecemos a las minorías dirigentes no les permitimos que puedan hacerlo. El indígena no puede incorporarse de golpe a la civilización moderna, como el niño no puede transformarse en adulto de la noche a la mañana; esto es obvio y no requiere discusión. Las minorías dirigentes han hecho leyes modernas derivadas de ellas y adecuadas a ellas y pretenden que la retrasada civilización indígena se amolde súbitamente a dichas leyes avanzadas, dando un salto de cuatrocientos años, lo que ha dado por resultado que el malestar y, con frecuencia, el más profundo antagonismo reinen entre aquellas agrupaciones nacionales por repugnar a una de ellas, con toda justicia, que la otra la sojuzgue y la explote con el azote de sus leyes. Buena voluntad no ha faltado a nuestros legisladores; pero, por desgracia, casi siempre han desconocido de manera lastimosa las condiciones del medio social en que viven. Hay, pues, que insistir con tenacidad a fin de que las leyes sean sensatamente reformadas en el sentido que lo requieren las distintas condiciones de los dos grandes grupos que forman la población, y para esto es precisamente necesario dar a conocer a nuestros legisladores cuál es el tipo de civilización de esos grupos, para que, en consecuencia, les sean elaboradas leyes adecuadas. Queda explicado por qué creímos de gran trascendencia incluir el factor *civilización* en el censo efectuado en la población de Teotihuacán y por qué hemos sugerido que se haga también esa innovación en el próximo censo general de la República.

Expongamos sucintamente qué características culturales distinguen a los 5,464 habitantes que en la tabla del censo aparecen con la anotación correspondiente a *civilización indígena* y cuáles son inherentes a los 2,866 de *civilización moderna*.

Civilización indígena.—Hoy, como antes del descubrimiento de América, la alimentación de los indígenas de Teotihuacán está esencialmente constituida por el maíz y el chile, el pulque y, en ocasiones, el frijol. Individuos que han logrado elevar su nivel económico y que, por tanto, podrían alimentarse con pan, carne, etc., etc., no lo hacen, sino que continúan la dieta que siempre acostumbraron. Esto no es por economía, pero sí por la fuerza de la costumbre y quizá por falta de aptitud orgánica para cambiar de golpe el sistema alimenticio.

La habitación es, con muy pocas excepciones, el jacal, *xacalli*, que se usaba antes de la Conquista, apenas reformado en algunos detalles por el contacto con los españoles, sucediendo lo mismo con muebles y enseres: la estera o petate, el mortero o metate, el comal para cocer las tortillas, el hogar o *tlecuil*, el *tapextli*, etc., etc.

El uso de derivados vegetales y animales de aplicación medicinal continúa en vigor, conservando casi todos ellos la antigua denominación indígena.

Las actividades intelectuales presentan vigoroso sello indígena, y pueden y deben ser incluídas sin reserva en el acervo del *folk-lore* mexicano; en efecto, la transmisión de conceptos no se hace por escrito, pues generalmente no hay libros, ni periódicos,[1] ni impresos de ningún género en la región; así, que las ideas éticas, estéticas, religiosas, políticas, etc., etc., se transmiten verbalmente desde hace siglos y han experimentado influencias más o menos intensas de la cultura europea, sin perder, por lo demás, su típico sello indígena.

---

[1] Como excepción puede señalarse el hecho de que en San Martín de las Pirámides se publicaba hacia 1017 un periódico semanario de cuatro páginas en cuarto, impreso en la ciudad de México y titulado *El Observador*. Algunos números que aparecieron al año siguiente, no fueron impresos, sino mecanografiados y con dibujos a pluma, entre los cuales fué notable un retrato de Guillermo II, Emperador de Alemania.

Es cierto que, al llegar la Conquista, los aborígenes aceptaron diversas modalidades culturales: utensilios metálicos; animales domésticos; prendas de indumentaria, como el sombrero; pólvora para las fiestas y las armas, etc., etc., amén de las ideas de todo género que influyeron más o menos en su modo de pensar. Sin embargo, una apreciación detallada del aspecto cultural de este grupo de población, suministra bases suficientes para considerarlo como perteneciente al tipo de civilización indígena, ya que las características correspondientes a esta última son más numerosas y están más arraigadas que las de la civilización europea o moderna.

Civilización moderna.—Al incluir en el censo la denominación *civilización moderna* para los habitantes que no pueden ser clasificados en el grupo de los que ostentan *civilización indígena*, no pretendimos significar que esa civilización moderna sea precisamente igual a la que es típica en los más cultos países europeos o americanos; no, puesto que desde numerosos puntos de vista hay diferencias entre aquélla y éstas. Pero como había que diferenciar los dos tipos culturales coexistentes en la región, calificamos al más avanzado como moderno, en relación con el retrasado o indígena. En alimentación, habitación, indumentaria, así como en ideas éticas, estéticas, religiosas, etc., etc., los habitantes comprendidos en este grupo difieren de los indígenas y se acercan al modo de ser de los habitantes de la Capital y de las principales ciudades de la República, por lo que en justicia puede denominárseles culturalmente modernos, cuando menos en relación a la cultura general, al *average* cultural, que se observa en el país. Como el estudio hecho en la región de Teotihuacán se refirió especialmente a la población rural indígena, no se prestó especial consideración al estudio de la *civilización moderna*, por corresponder a las investigaciones que en lo futuro se hagan sobre poblaciones urbanas.

En la denominación *civilización moderna* está incluído buen número de habitantes, generalmente mestizos, que no son propiamente de la civilización moderna del valle, pero que se aproximan a ella más que a la indígena.

Al final de los comentarios que hicimos sobre las cifras del censo racial, declaramos que la población avanzaría mucho en su desarrollo evolutivo, cuando, merced a un continuado proceso de mestizaje, llegue a ser racialmente homogénea, pudiéndose demostrar en seguida tal aserción. En efecto, desde el punto de vista racial, se empadronaron 5,657 indígenas, 2,187 mestizos y 536 blancos, en tanto que, con referencia a civilización, el censo fué de 5,464 de tipo indígena y 2,866 de tipo moderno, pudiéndose deducir de esos datos que la población racialmente indígena está incorporada a la civilización retrasada o indígena, mientras que la mestiza ostenta la civilización de tipo moderno del valle o cuando menos está más cercana a ella que a la indígena. Es, pues, indudable que a mayor mestizaje, más alta será la proporción de habitantes de tipo cultural moderno. Esto, por otra parte, no quiere decir que supongamos que la población indígena no posea aptitud para elevar su nivel cultural y que esté condenada al aniquilamiento si no se procura el mestizaje; ya hemos dicho y repetido que el indígena tiene iguales aptitudes que el mestizo o el blanco; pero el miserable estado económico en que se ha debatido y se debate todavía, hace que dedique todas sus actividades al sostenimiento de su subsistencia orgánica, dejando para mejores tiempos su mejoramiento cultural. De idéntica manera procederían de seguro los pueblos más adelantados del mundo si carecieran de elementales medios de subsistencia.

Religión.[1] —En el censo de 1910, que es el más laborioso y completo que se ha efectuado en México, la clasificación de religiones arroja para la población total, que es de 15.160,369, una cifra de 15.033,176 católicos.

Así como en lo relativo a raza refutamos los datos de aquel censo, pues conceptúa como blanca a la gran mayoría de nuestra población por el hecho de que sólo habla el idioma español, no obstante que dicha mayoría es racialmente indígena o mestiza, aun cuando haya abandonado el uso de los idiomas indígenas, en lo referente a religión tampoco podemos aceptar que el 99% de la población total sea católica. Hay agrupaciones indígenas relativamente numerosas—mayas, huicholes, seris, etc., etc.—que todavía conservan, más o menos degeneradas, las creencias religiosas prehispánicas, por lo que, lógicamente, deben ser denominadas animistas, fetiquistas, *shamanistas*, etc., pero no católicas; no sabemos a ciencia cierta el número de aquéllos, que quizá sumen varios cientos de miles, o tal vez se aproximen a un millón. En cambio, muchos millones de habitantes, quizá ocho o diez, pueden ser incluidos entre aquellos primitivos y también entre los católicos, pues las ideas religiosas que abrigan y el culto que externan corresponden por igual a los de aquel paganismo y a los del catolicismo. En efecto, al arribar los misioneros catequizadores, comprendieron rápidamente que sería fácil tarea el convertir a los catecúmenos americanos si se procuraba la fusión de ambas religiones, aprovechando, principalmente, aquellos aspectos que en ambos ofrecieran determinada analogía. Los temas abstractos y obscuros del catolicismo nunca fueron, ni son actualmente, comprendidos ni aceptados por los indígenas y, en cambio, las manifestaciones materiales y objetivas se fundieron rápidamente con las manifestaciones similares de origen prehispánico, resultando, a la postre, una religión mixta o católica rudimentaria que profesan en México los millones de habitantes de civilización de tipo indígena. En consecuencia, esa cifra de católicos señalada en el censo de 1910 no debe ser tomada en consideración por quienes estudian nuestras condiciones sociales, si no se le reduce a sus verdaderas proporciones, señalando cuáles son los que pueden ser denominados católicos y cuáles católico-paganos o rudimentarios.

En cuanto a la clasificación de religiones expuesta en el censo de la población de Teotihuacán, extraña a primera vista que los católico-rudimentarios o católico-paganos sumen 3,469, y los católicos, 4,816, no obstante que los datos relativos a civilización que presenta el mismo censo, señalan 5,464 de civilización indígena y 2,866 de civilización moderna, lo

---

[1] El aspecto que presenta la religión en los habitantes del valle debió haberse incluido en el anterior sub-párrafo de *civilización*: pero, dada la importancia que presenta en la región, se prefirió comentarlo por separado.

que se antoja contradictorio, ya que el número de católicos rudimentarios parece que debía corresponder al de habitantes de civilización indígena o retrasada y el número de católicos al de individuos incorporados a la civilización moderna. En otras palabras, 2,598 individuos de los 5,464 que fueron empadronados en el grupo de civilización indígena, lograron evolucionar desde el punto de vista religioso y quedaron retrasados en otros aspectos culturales, no obstante que, generalmente, se observa lo contrario en el desarrollo de las sociedades. Quizá esto se debió a juicio erróneo de los empadronadores, que no pudieron percibir claramente el límite divisorio entre el catolicismo y el catolicismo-rudimentario o pagano que se observa en la región. Tal vez explique esa aparente anormalidad el hecho de que, habiéndose posesionado de la región las órdenes religiosas, los frailes dedicaron exclusivamente sus actividades a imponer el catolicismo y no se ocuparon en difundir otras manifestaciones de la civilización española.

Veamos ahora cuáles son los caracteres que se seleccionaron para diferenciar los dos tipos de religión que se observan en la población de Teotihuacán: *catolicismo pagano* o rudimentario y *catolicismo romano*. En el primer grupo se incluyeron a los habitantes que no poseen concepto alguno sobre el Dios del catolicismo, los dogmas y sacramentos y, en general, las ideas abstractas del mismo. Los que casi exclusivamente consideran como entidades protectoras sobrenaturales a las imágenes de sus santos patronos y cuyos ritos funerarios, matrimoniales, etc., etc., no son los usados por los católicos romanos. Los que acatan devotamente ceremonias típicas, como las danzas religiosas, etc., etc., que son derivadas, tanto del culto indígena precolonial como del catolicismo importado por los españoles.

Los incorporados al segundo grupo tampoco debieron haber sido denominados *católicos* o *católicos romanos*, pues en estricto análisis su catolicismo difiere todavía del romano; pero siendo necesario establecer un término de comparación para los aspectos religiosos observados, se les clasificó así.

Alfabetismo.—Las cifras del censo arrojan 6,108 analfabetos y 2,133 habitantes que leen y escriben, o sea un 73% de analfabetos. Este porcentaje, que sería desolador en un país de cultura avanzada, constituye cifra relativamente halagüeña si se la compara con las que se observan en muchos otros lugares de la República, explicándose esto, principal y casi exclusivamente, por el esfuerzo que en pro de la educación popular desarrollaron varios de los gobiernos pretéritos del Estado de México, a cuya jurisdicción pertenece el valle.

De acuerdo con rancios y empíricos conceptos que consideran el alfabetismo como panacea para todos los males sociales, esta población, que, según las cifras anteriores, está relativamente educada, debería presentar también un estado de desarrollo físico e intelectual relativamente satisfactorio; pero, por desgracia, la realidad demuestra lo contrario: deficiencia alimenticia; habitación e indumentaria elementales; labor excesiva y salario ínfimo; insuficiencia industrial; decadencia artística; intenso fanatismo, etc., etc., constituyen el negro cuadro que preside la vida miserable de esta población.

Por otra parte, ¿para qué sirve a aquellos 2,133 habitantes saber leer y escribir, si no pueden aplicar ese conocimiento, ya que, por múltiples motivos, entre ellos el malestar económico en que se debaten, no poseen libros, periódicos o impresos de ningún género? ¿Les es útil leer, releer mil veces el silabario o cartilla que recibieron en la escuela? Indudablemente que no.

Como frecuentemente hemos repetido hasta aquí, la mejoría de la población de Teotihuacán, como la de todas las de la República, debe hacerse de conformidad con un plan integral: mejoramiento económico, racial, moral, educativo, etc., etc., y no solamente educativo, pues se incurriría en los fatales resultados arriba señalados.

Además de exponer, en las conclusiones que siguen a esta síntesis, los medios de mejorar integralmente a la población, se considera con detenimiento lo relativo a educación regional, sobre todo desde dos puntos de vista, que a nuestro juicio constituían serios errores educativos, hasta que la Dirección implantó las innovaciones adoptadas en la escuela que fundó, la que sirve de modelo a las demás que existen en el valle. El primer error consistió en que los planes escolares exigían a los alumnos asistir casi todo el día, cosa que jamás se consiguió, pues dado el miserable estado económico de los habitantes, les es imprescindible el auxilio de sus hijos en una parte del día, por lo que la escuela de la Dirección sólo impone a los niños cuatro horas de asistencia. El segundo error consistió en sólo impartir a los alumnos conocimientos teóricos, sin dar atención alguna a la educación industrial, agrícola, etc., etc. En la escuela regional de la Dirección se enseña a los alumnos el aprovechamiento de los recursos naturales de la región, animales, vegetales, minerales, así como su transformación industrial, agrícola, artística, etc., etc.; esto, por supuesto, además de la enseñanza de conocimientos teóricos: lectura, escritura, elementos de Aritmética, Geografía, etc.

Antes de terminar, insistimos en la influencia que en lo relativo a alfabetismo ejerce el mestizaje, puesto que, según las cifras del censo, el número de mestizos que presenta la población, 2,137, parece coincidir con el de habitantes que saben leer y escribir, 2,133, debiéndose, por tanto, como dijimos en lo relativo a raza y a civilización, fomentar a toda costa el mestizaje hasta que se llegue a producir la homogeneidad racial de la población del valle.

Idioma.—Ya hemos hecho notar que el censo de 1910 clasificó a la población de la República desde el punto de vista lingüístico, y como el idioma que, entonces como hoy, predomina numéricamente en México es el español, diversos elementos o agrupaciones sociales fueron empíricamente incluídos en la misma cifra, es decir, se intentó homogeneizarlos teórica y artificialmente por el hecho de que poseían el idioma español, sin parar mientes en que dichos elementos son heterogéneos desde otros puntos de vista, como el racial y el cultural, que son tanto o más interesantes que el lingüístico, para poder apreciar las complejas condiciones de desarrollo integral de la población.

Al iniciarse las investigaciones que constituyen esta obra, se examinaron los datos del citado censo de 1910 relativos a la población regional de Teotihuacán y se observó que eran erróneos desde dos puntos de vista: 1º—Porque consideraban a toda la población como blanca y como incorporada a la civilización moderna, por el hecho de hablar español.—2º Se desdeñó hacer constar que cierto número de habitantes poseía el idioma mexicano o azteca, además del español. En el censo hecho por la Dirección de Antropología se evitó el primer error agregando a la clasificación de idiomas las de raza y civilización, que antes no habían sido tomadas en consideración. Se eludió el segundo por medio de investigaciones cuidadosas encaminadas a conocer qué habitantes poseían todavía el idioma azteca, conocimiento que, si a primera vista no parece entrañar trascendencia, la tiene, y muy grande, como lo demuestra el hecho de que, no obstante lo cercano que está a la Capital el valle de Teotihuacán, 455 habitantes, o sea el 5%, hablan todavía el idioma azteca, además del español, lo que no confiesan por considerarlo erróneamente como característica de inferioridad social, por lo que fué preciso hacer, según ya dijimos, laboriosas investigaciones. Ahora bien; en las regiones alejadas de la Capital y de las ciudades importantes, donde los idiomas indígenas están más extendidos, es indudable que gran número de habitantes hablan a la vez idiomas aborígenes y español; pero como procuran ocultar el conocimiento de los primeros y como los empadronadores se conforman con apuntar que poseen el español, resulta grandemente disminuída la cifra de los habitantes que en realidad hablan idiomas indígenas.

El censo de la Dirección arroja un total de 8,308 habitantes que poseen idioma español, incluyendo a los que poseen también el mexicano o azteca, es decir, que toda la población es de habla española, ya que por su insignificancia numérica pueden ser descartados los siete que sólo conocen el mexicano y los cuatro de idioma extranjero. El examen de tales cifras sugiere desde luego interesantes comentarios. Hace más de cuatro siglos que españoles y aborígenes, o sean dos razas, dos civilizaciones y dos idiomas distintos entre sí, se pusieron en contacto en la región de Teotihuacán. Procesos de fusión, compenetración, substitución y eliminación se efectuaron espontánea y continuadamente durante ese tiempo, suministrando esa larga elaboración social los siguientes resultados, que se observaron en la población actual y que están condensados en las cifras del censo:

El contacto racial ha sido muy deficiente, puesto que en 5,657 habitantes persisten las características de la raza indígena, o sea en un 67% de la población total, en tanto que el mestizaje sólo suma 2,137, o sea el 25%. El contacto cultural, de civilizaciones, presenta casi la misma deficiencia, ya que 5,464 habitantes, o sea el 65%, están incorporados a una civilización de marcado sello indígena, mientras que sólo 2,866 han evolucionado en sus aspectos culturales hasta aproximarse a la civilización moderna. En cambio, la eliminación del idioma mexicano o azteca es absoluta, así como su substitución por el español.

Mucho se ha discutido la significación histórica que en la evolución de un pueblo tienen los factores raza, civilización e idioma, creciendo la importancia de tal cuestión cuando se trata del contacto de agrupaciones sociales heterogéneas, y se debate sobre la importancia y el poder de difusión y persistencia que deba atribuirse a cada uno de ellos en sí mismo y con relación a los demás, etc., etc.

Sería inoportuno abordar aquí tales inquisiciones; pero sí es conveniente hacer algún comentario sobre lo que se observa al respecto en la población de Teotihuacán.

¿Por qué dicha población ha logrado substituir totalmente su idioma autóctono por el idioma español, substitución laudable, pues este último es el idioma nacional? ¿por qué, en cambio, en la mayoría de la población han persistido las características raciales y culturales de origen indígena, no obstante que la *mestización* total y la incorporación de todos los habitantes a la civilización moderna serían, por todos conceptos, favorables, según lo demuestra la relativa superioridad social de la minoría mestiza de la región con respecto a la mayoría indígena? En los diversos capítulos de esta obra se procura analizar las causas que han originado el retraso en la formación del mestizaje y en la evolución cultural, por lo que no insistiremos en repetirlas aquí. No fué posible, por lo contrario, investigar los verdaderos motivos que contribuyeron a hacer factible la substitución del idioma mexicano por el español, ni menos los fenómenos de relación entre estos motivos y los que produjeron el retraso social y cultural. Para subsanar tal deficiencia, esta Dirección proyecta estudiar en lo futuro el proceso histórico que ha precedido a la aludida substitución lingüística, considerada en sí misma y en función con los fenómenos sociales que directa o indirectamente le están relacionados. Entonces, probablemente, podrán fomentarse, basándose en conocimientos más autorizados y satisfactorios, la formación del mestizaje y la evolución cultural.

Ocupación.—Los datos relativos a ocupación hacen ver desde luego que el malestar económico de la población regional no sólo se debe a las causas que antes indicamos y a otras que citaremos después, sino también a la anormal proporción que presentan las clases económicamente productivas con respecto a las que no lo son. En efecto, 5,472 habitantes (4,890 clasificados en *vida doméstica*, 335 *escolares* y 247 *domésticos*) están excluídos de los grupos productores; de manera que la producción regional tiene que gravitar sobre la minoría restante. No insistiremos en comentar este tema, porque en el capítulo sobre *Organización Económica* que aparece en la quinta parte de esta obra, se discute la cuestión ampliamente.

Son dignas de atención, en seguida, las mínimas cantidad y calidad que presentan dos agrupaciones regionales: 22 *profesionistas* y 22 *empleados oficiales*. En la capital de la República, centro de cultura, de riqueza, de justicia relativamente satisfactoria, etc., etc., es decir, donde la población tiene toda clase de medios de defensa y de progreso físico, intelectual y económico, hay plétora, enorme plétora, de médicos, abogados, ingenieros, agrónomos, veterinarios, profesores titulados, etc., etc., aparte de decenas de millares de empleados oficiales.[1] En cambio—contraste desolador—, en una población de 8,330 habitantes no hay un solo profesional, pues, en puridad de verdad, los 22 que señala el censo no son propiamente profesionales: sacerdotes, profesores sin título, farmacéuticos y curanderos *folk-lóricos*, tal es el conjunto de los que hemos llamado *profesionistas* por denominar de algún modo a los que tienen a su cargo el mejoramiento moral, la educación, el desarrollo físico, etc., etc., de 8,330 habitantes. No existe un médico cirujano que procure aliviar las enfermedades y preconice hábitos higiénicos; ni un abogado que proteja a los habitantes de las innumerables exacciones de que son víctimas; ni un ingeniero o un arquitecto que les aconseje cómo mejorar sus habitaciones y cómo construir económicamente *drenajes* sanitarios, provisiones de agua potable y presas de irrigación; ni un agrónomo que coopere a la mejoría de cultivos regionales; ni un veterinario que combata las epizootias y sugiera los medios de fomentar la producción de ganados y animales de corral; no hay uno suficientemente autorizado que vele por el desarrollo conveniente de esa población que está a la vera de la metrópoli. Así, que las viejas ideas y métodos indígenas continuarán floreciendo espontáneamente, algunas veces con todo su carácter autóctono y otras con mezcolanza de civilización moderna mal comprendida, mal adaptada y mal aplicada, por lo que, naturalmente, los resultados obtenidos son desastrosos.

En cuanto a *empleados oficiales*, se reducen a los presidentes municipales, escribientes y agentes fiscales y postales, personas todas ellas dedicadas a hacer a la población víctima de una justicia convencional o a extraer fondos de sus arcas, pero no a mirar por su bienestar. En cambio, en la capital de la República y en las de los Estados hay en gran número médicos del Departamento de Salubridad y de los hospitales que cuidan gratuitamente de la salubridad pública, profesores titulados en universidades y escuelas, abogados, defensores de oficio para los desheredados, etc., etc.

Las condiciones de distribución agraria y de producción agrícola entre los habitantes son muy desfavorables, según ya indicamos; así, que podría esperarse que, como compensación, el estado de las industrias sería floreciente y alto el número de industriales. Desgraciadamente, sucede que la industria está en peores condiciones aún que la agricultura, ya que 56 habitantes, o sea el 6% de la población total, son industriales, entendiéndose como tales a ladrilleros y ceramistas, pues en cuanto a los de otro género, esa cifra comprende a 8 ó 10: tejedores, talabarteros, etc., etc.

El número de domésticos o sirvientes es de significación verdaderamente paradójica: 247 sirvientes para una población que está en tan bajo nivel económico, se antoja alta proporción que para sí quisieran flore-

---

[1] No exageramos. Consúltense autorizadas estadísticas oficiales y particulares y se verá que, para el número de habitantes de la Capital y para la relativa eficiencia colectiva de que son capaces, hay un superávit enorme de profesionistas, de empleados particulares y de empleados oficiales.

cientes poblaciones norteamericanas; en realidad, tal fenómeno se explica precisamente por las condiciones de miseria regional que obligan a muchos individuos a servir a cambio de un sueldo irrisorio y de una pitanza insubstancial.

Resumen.—El censo cuyas cifras hemos expuesto y comentado, hace ver que la población del valle de Teotihuacán consta de un número de habitantes que debe alarmar por lo reducido que es actualmente, si se le compara con el que había en la misma región en tiempos coloniales y precoloniales. Si, por lo demás, tal fenómeno no sólo se observara en esta población regional de la República, el caso no asumiría importancia alguna, pues podría ser debido a causas accidentales y excepcionales. Por desgracia, si examinamos aisladamente o en conjunto los datos del censo relativos a las diversas poblaciones regionales de la República, se observa que la mayoría de ellas permanece numéricamente estancada, o su aumento periódico es sumamente lento.

La gran extensión del territorio nacional, la abundancia y riqueza de sus recursos naturales, la adaptación al medio físico-biológico por parte de la población de origen indígena que antes lo habitara exclusivamente y hoy en mayoría; esos y otros factores debieran haber contribuido a que la población actual de la República alcanzara cifras no inferiores a cien millones de habitantes. Los hechos, en cambio, hacen ver que México sólo cuenta con 16.000,000 de habitantes.[1] ¿A qué causas presentes y pretéritas se debe tal situación? Contadas explicaciones se han aventurado sobre el particular; pero ninguna ha convencido satisfactoriamente, y no podía menos de ser así, puesto que toda conclusión a este respecto debe basarse en el estudio de censos cuantitativa y cualitativamente correctos, y como nunca los que se hicieron en México fueron así, claro es que las conclusiones deducidas de ellos son inadmisibles.

El censo integral de la población de Teotihuacán hecho por la Dirección de Antropología, presenta muchos defectos—somos los primeros en reconocerlo—; pero siquiera establece un método que reforma favorablemente los empleados con anterioridad y permite hacer consideraciones autorizadas sobre las principales causas que han sido obstáculo para el crecimiento normal de dicha población.

El desarrollo físico de la población.—Las normales condiciones físicas y biológicas que presenta el valle, hacen suponer, *a priori*, que el desarrollo físico de sus pobladores es vigoroso y floreciente: tierras fértiles e irrigadas que producen numerosos y variados vegetales alimenticios, abundancia y potabilidad de aguas—manantiales y freáticas—, temperaturas generalmente benignas en invierno y en verano, etc.

Sin embargo, el desarrollo físico de dichos habitantes acusa decadencia, principalmente en los niños, las mujeres y los ancianos, ya que los braceros algo escapan de esa situación, pues, como dijimos en otro lugar, para poder desempeñar sus labores tienen que sostener su economía or-

---

[1] Dirección de Estadística.—*Tercer Censo de Población de los Estados Unidos Mexicanos verificado el 27 de octubre de 1910.* México. 1918.

gánica en condiciones relativamente favorables, aun cuando sea a costa del desarrollo de los demás habitantes.

Las funciones fisiológicas humanas, exceptuando la alimentación, son automáticas y gratuitas. El hombre no come cuando y cuanto quiere, sino solamente los alimentos que sus medios económicos le permiten adquirir. Antes de satisfacer esta necesidad fundamental, es imposible que lo haga con otras que resultan secundarias, cualquiera que sea su carácter: sociales, culturales, morales, etc. Tal sucede en los pobladores del valle, cuyos esfuerzos materiales y actividades intelectuales tienen que encaminarse forzosamente a conseguir el diario sustento y a prestar atención secundaria a otras aspiraciones; y como conseguir ese alimento es tarea bien difícil en la región, claro es que casi nunca pueden hacer una provisión alimenticia que les permita dedicar el esfuerzo restante al logro de otras satisfacciones. Tal es el secreto del mísero estado cultural y del estancamiento social en que se encuentran.

El maíz, por su valor nutritivo, así como por su precio, es el cereal que sustenta a la población; y ya hemos dicho, en los sub-párrafos sobre *la propiedad* y *la producción de la tierra*, que, aun en los años en que las cosechas son abundantes, la ración que corresponde a cada persona es insuficiente; teniendo que acudir a medios extraordinarios para aumentarla un tanto. En cuanto a los años de sequía, también expusimos allí cuál es la triste situación por que atraviesan los habitantes en tales épocas.

La mortalidad regional, principalmente la infantil, que es muy exagerada, así como la decadencia fisiológica de los pobladores, son argumentos de innegable significación sobre la deficiencia alimenticia de la población y, principalmente, de la indígena, que forma la mayoría.

Es opinión generalizada en la región que el pulque alivia en parte la escasez de alimentos; pero para conseguir esto se ingieren cantidades tales, que a la postre pueden producir hábitos alcohólicos y diversas enfermedades. Tres litros consumen diariamente los trabajadores y menor cantidad las mujeres; los niños no beben pulque. Como extraordinario en aquella dieta normal, se agregan aves de corral, legumbres y plantas silvestres y, en ocasiones más raras, carne de res o cerdo; todo esto contadas veces al año; así, que poco o nada contribuye a mejorar la ración alimenticia respectiva.

El desgaste físico producido por el trabajo material es otro factor que contribuye a entorpecer el desarrollo físico de dicha población: los braceros adultos trabajan doce horas en labores rudas (*lámina 6*), las mujeres emplean también doce o menos horas en menesteres agotantes, entre ellos, cocinar y moler el maíz, conseguir combustible, lavar ropa y llevar los alimentos al lugar en que trabaja su marido (*lámina 7, a*); los niños, la gran mayoría de los niños del valle, laboran en los campos desde la edad de diez o doce años, si bien se trata de aquellos que, habiendo escapado de la terrible mortalidad infantil regional, son tipos selectos y resistentes (*lámina 7, b*).

a) —Uno de los trabajadores de las excavaciones arqueológicas.

b) —Hombre dedicado a las labores del campo.

a).—Mujer indígena haciendo tortillas.

b).—Mujer indígena partiendo leña.

c).—Niño en el desempeño de su oficio de pastor.

a).—Uno de los manantiales de San Juan Teotihuacán.

b).—Un jagüey de San Martín de las Pirámides.

a).—Temazcalli o baño indígena muy usado en la región.

b).—Cerca de «órganos» que aísla una parcela de las otras.

La altura barométrica, la deficiencia en la habitación e indumentaria, etc., motivan diversas enfermedades, que, con ordenado régimen de vida, pudieran combatirse.

Aunque las aguas de la región son generalmente potables, tanto las que proceden de manantiales (*lámina 8, a*) como las que existen subterráneamente o aguas freáticas, debe hacerse notar que de ellas sólo pueden disfrutar, para los usos domésticos, los habitantes de las partes bajas de la región, pero no los que están establecidos en las laderas, en las lomas o en las montañas que la limitan, pues el nivel hidráulico es allí tan profundo y el subsuelo tan consistente, que la perforación de pozos y el sostenimiento de bombas significan gastos que no han podido afrontar hasta hoy los pequeños propietarios, por su mala situación económica, por más que en ciertos casos no es la falta de elementos, sino la desidia la que impide hacer tales perforaciones. Los habitantes de pueblos y rancherías que se encuentran en tales condiciones, no hacen siquiera uso de cisternas debidamente acondicionadas, sino que beben el agua de jagüeyes, o sean oquedades excavadas en el terreno (*lámina 8, b*), en las cuales se precipita el agua pluvial y la que arrastran pequeñas corrientes que desembocan en ellas. Como esos receptáculos están descubiertos, los desechos que trajeron las corrientes, las secreciones de los animales que allí van a beber y aun cadáveres de animales ahogados hacen de esa agua un líquido putrefacto en el que se multiplican toda clase de sabandijas y microorganismos funestos para el organismo humano. Parece que hay cierta inmunidad entre los habitantes por el uso que desde tiempos remotos hacen de esa agua, y en ello pudiera haber algo de verídico, pues se dice que personas extrañas que han vivido en tales lugares enferman con frecuencia del aparato digestivo, en tanto que en los nativos no se notan los mismos efectos. Sin embargo, es indiscutible que el uso de esas aguas contribuye a la mortalidad, sobre todo durante el invierno. Naturalmente que en lugares donde la poca y mala agua que hay es para beber, sería ocioso esperar que las abluciones y baños fuesen frecuentemente acostumbrados; exceptúanse los baños de vapor o *temazcallis* (*lámina 9, a*), que requieren muy poca agua y son usados con fines que consideran terapéuticos.

El mayor o menor desaseo de que pueden adolecer las casas, se compensa, en parte, por su distribución en los poblados, pues cada una de ellas está aislada en una parcela en la que generalmente crecen plantas jerofitas, como el nopal y el *órgano* (*lámina 9, b*), disposición que permite una conveniente ventilación y evita en cierto modo los contagios por la separación que hay de unas casas con respecto de otras; exceptúanse de esta disposición San Juan Teotihuacán y El Calvario, en sus calles céntricas.

La viruela, la tos ferina y la deficiente e inadecuada alimentación de los niños son causantes de una exagerada y alarmante mortalidad infantil. Son relativamente reducidos los fallecimientos de infantes durante el parto, así como las de parturientes, no obstante que no hay curanderas profesionales, lo que se debe, quizá, a que generalmente los partos son naturales o eutócicos.

En la región no existen médicos, cuyas funciones desempeñan curanderos de uno y otro sexos, quienes acuden, generalmente, a una peculiar farmacopea vegetal y animal que se ha transmitido tradicionalmente de padres a hijos; cuando lo juzgan conveniente, se valen de actos de magia y hechicería.

Creemos suficientemente demostrado, por las sucintas observaciones apuntadas hasta aquí, que el desarrollo físico de los pobladores del valle está en estado decadente y se efectúa en condiciones desfavorables. Hay, sin embargo, dos factores importantísimos que tal vez impiden que su situación sea peor: 1º—Los muchos siglos que sus antecesores han habitado la región hacen que la población actual se haya seleccionado y adaptado convenientemente a las condiciones del medio ambiente. 2º—La vida naturista de los habitantes contrarresta los efectos deprimentes y agotantes a que ya nos referimos. Estos dos factores les han suministrado indudablemente un gran poder de resistencia anatómica y fisiológica contra los agentes patogénicos. En el capítulo de *Datos sobre las Condiciones Físico-Biológicas de la Población* que aparece en esta obra, se trata especialmente del decadente estado fisiológico de los habitantes, de sus características antropométricas y de las condiciones higiénicas regionales. En las conclusiones se sugieren medios para procurar la mejoría racial de la población.

Lo que hemos expuesto se relaciona principalmente con el elemento indígena, que constituye la mayoría de la población regional, siendo relativamente pocas las variaciones en lo que toca a los mestizos, ya que en ellos predomina la sangre indígena, no pasando casi nunca en sus mezclas de lo que se denomina *media sangre;* en lo relativo a alimentación, habitación, trabajo, etc., etc., están en idénticas o casi idénticas circunstancias que los indígenas puros. El número de blancos es muy reducido y sus hábitos y costumbres son análogos a los de los habitantes de las capitales o ciudades; así, que no se les tomó en consideración, por corresponder su estudio al de las poblaciones urbanas.

§ 4.—PRINCIPALES ASPECTOS DE CIVILIZACIÓN

Ya hemos expuesto sintéticamente lo relativo al censo, a las características raciales y a las condiciones de vida física de los habitantes de Teotihuacán. Veamos ahora cómo ha sido su evolución cultural, desde las más remotas etapas de su historia hasta la que comprende su vida actual, pues para poder apreciar debidamente los fenómenos sociales que presiden a esta última, es indispensable el conocimiento de los fenómenos históricos correspondientes.

La civilización o cultura de una población puede ser integralmente apreciada por medio del conocimiento de sus manifestaciones, tanto las de orden intelectual como las puramente materiales. Entre las primeras pueden mencionarse las ideas éticas, estéticas, religiosas, etc., etc.; las segundas son propiamente la representación objetiva o la expresión mate-

LA POBLACIÓN DEL VALLE DE TEOTIHUACÁN *Introducción. Lámina 10.*

a).—Uno de los esqueletos descubiertos debajo de la lava del Pedregal de San Angel, con una vasija cerca del cráneo.

b).—Xiutecutli o Dios del Fuego (visto de frente y de perfil), descubierto debajo de la lava del Pedregal de San Angel.

rial de los procesos mentales engendrados por aquellas ideas: arquitectura, escultura, pintura, etc.; objetos industriales, domésticos, rituales, deportivos, militares, etc.

El estudio de las manifestaciones culturales o caracteres de civilización fué hecho de acuerdo con esa disposición; sólo que, como dijimos al principiar este capítulo, no sólo se tuvieron en cuenta las actuales manifestaciones, sino también las que les han precedido. Además, se concedió especial importancia a los fenómenos de contactos inter-culturales producidos entre la civilización indígena sojuzgada y la invasora hispánica.[1]

El problema religioso.— No nos movió prejuicio alguno a abordar este arduo problema, sino la convicción de que una población culturalmente retrasada, como es ésta en su mayoría, está directamente sujeta al favorable efecto moralizador que traen consigo las religiones, cuando sus preceptos son interpretados y aplicados con sensatez y altruísmo, o a la decadencia intelectual y moral en que la sumergen quienes hacen tráfico corrompido y mercantilista del credo religioso.

La población del valle de Teotihuacán es, en su totalidad, eminentemente religiosa, pudiendo ser dividida en católica y católica rudimentaria, según dejamos expuesto al comentar el censo de la misma.

Nos era, pues, interesante e indispensable estudiar con relativa amplitud esos aspectos religiosos, que en cierto modo presiden o rigen las demás modalidades de vida de los habitantes.

La extremada religiosidad que se observa allí y que muchas veces se confunde con un ciego fanatismo, puede explicarse fácilmente recordando los antecedentes históricos correspondientes: los primeros pobladores de Teotihuacán fueron otomíes, cuya civilización o cultura está típicamente representada por los vestigios del Pedregal de San Angel, y, aunque contamos con muy reducido número de datos relativos a ellos, podemos afirmar que poseían, entre otras ideas animistas, el culto a los muertos, según lo demuestran las vasijas y otros objetos que, como ofrendas o votos, aparecen junto a los esqueletos del Pedregal (*lámina 10, a*). Las representaciones arcaicas o pedregalenses que hay de Tláloc y de Xiutecutli (*lámina 10, b*), dioses de la lluvia y del fuego, respectivamente,[2] indican que poseían igualmente formas más evolucionadas del culto, como es el de estas deidades, que simbolizaban fenómenos naturales.

En esta etapa, las ideas religiosas habían comenzado ya a ejercer cierta influencia moralizadora en los primeros pobladores de Teotihuacán, pues aquellas deidades ya hacen suponer un culto colectivo avanzado y un estado social en que la agricultura, que ya había alcanzado algún desarrollo, exigía ciertas formas de sacrificio.

---

[1] Aunque algunos de los comentarios que se hacen en esta parte corresponden más propiamente a las conclusiones, las hemos incluido aquí, porque en el fondo es imposible separar unos de otras.

[2] En las excavaciones del Pedregal de San Angel encontramos una representación rudimentaria del dios del fuego, y en otros lugares del valle de México hemos adquirido imágenes arcaicas o pedregalenses de Tláloc. En el capítulo de la segunda parte sobre *Artes Menores* demostramos que la cultura teotihuacana tuvo su origen en arquetipos pedregalenses. Posteriormente encontramos que ambas ideas religiosas probablemente se derivan también de las pedregalenses.

Al llegar los emigrantes del N., nuevos conceptos religiosos se fundieron con los de los aborígenes pedregalenses, elaborándose lentamente las bases de la religión tolteca o teotihuacana, que evolucionó hasta adquirir un carácter politeísta más definido. La importancia del culto y de la organización sacerdotal puede comprenderse examinando en Teotihuacán los templos grandiosos y los millares de deidades grandes y pequeñas, así como las múltiples representaciones de sacerdotes e implementos rituales.

Esta religión presentaba ya tendencias moralizadoras más claramente establecidas, por lo que era de verdadera utilidad para el desarrollo de la población.

Predominó en esta religión el culto a los astros, principalmente al sol y a la luna, así como a los fenómenos naturales, como el viento (Quetzalcóatl), la lluvia (Tláloc), el fuego (Xiutecutli), etc., que la cosmogonía, la tradición heroica o la leyenda elevaron al carácter de dioses en el verdadero sentido de la palabra. Según una leyenda cosmogónica, el sol y la luna nacieron en virtud del sacrificio de dos dioses. En cuanto a los dioses de la lluvia y del fuego, aunque son vagos los elementos heroicos que definen la deificación de estos fenómenos naturales, no dejan de ser reconocidos, especialmente en Tláloc, de quien se dice haber sido en tiempos remotos un poderoso rey de los gigantes o *quiname*. Por lo que respecta a la deidad del viento, Quetzalcóatl, una leyenda mítica identifica a este gran sacerdote con Venus, el astro de la tarde; después, bajo un nuevo concepto, se le considera animando al viento. La misma leyenda de Quetzalcóatl en la época del florecimiento cultural azteca se asimila ciertas fases del desarrollo histórico de este pueblo. Pocas representaciones de estas deidades han podido ser identificadas, entre ellas las de los dioses del viento, de la lluvia y del fuego, las cuales fueron arquetipos de las del mismo género con que contó después el Olimpo azteca. En los últimos descubrimientos hechos en el edificio denominado *La Ciudadela* e identificado por el subscrito como Templo de Quetzalcóatl a causa de las serpientes emplumadas rodeadas de caracoles marinos que lo adornan, se encontraron grandes representaciones de buhos dentados[1] en lugares preeminentes; por otra parte, imágenes de esa ave aparecen profusamente modeladas en barro y pintadas al fresco, lo que sugiere que era representación de alguna de las principales deidades del Olimpo teotihuacano, por más que la tradición tolteca o teotihuacana nada dice a este respecto. Es curioso, sin embargo, recordar que el buho o *tlacatecólotl* era considerado en tiempos prehispánicos como espíritu o símbolo nefasto, y aun en la actualidad piensan los indígenas así, siendo bien conocido el proverbio que dice que *cuando el tecolote canta, el indio muere*. ¿No conducirá esto en investigaciones futuras a identificar en la religión teotihuacana el dualismo antagónico entre deidades favorables y desfavorables, entre el bien y el mal, que tan importante papel representa en otras religiones?

---

1 Posteriormente se han hecho sobre estas esculturas interpretaciones que quizá son más exactas, entre ellas, la del profesor José María Arreola, que cree son representaciones estilizadas de Tláloc.

Tras un largo período se presentaron nuevos inmigrantes del N., de filiación azteca, y como la civilización de los teotihuacanos estaba en decadencia y su religión había degenerado, fué fácil a los recién llegados conquistarlos e imponerles su civilización y sus conceptos religiosos y fundir con éstos los de origen teotihuacano que habían logrado subsistir. El hermoso mito referente a Quetzalcóatl, representante de los principios conservadores teotihuacanos, luchando con Tezcatlipoca, que lo era de los aztecas innovadores, sintetiza bellamente esa remota pugna.

De la fusión de razas y civilizaciones vencidas y conquistadoras, surgieron el pueblo acolhua y la civilización del mismo nombre. Su religión fué el politeísmo de tipo azteca, ampliamente descrito por arqueólogos e historiadores; así, que no nos detendremos a examinarlo. Sin embargo, es oportuno recordar aquí que ese politeísmo evolucionó más marcadamente entre los acolhuas que entre los aztecas, tepanecas y otras agrupaciones indígenas de Anáhuac, llegando a afirmar algunos cronistas que el rey acolhua o texcocano Netzahualcóyotl abrigaba ideas religiosas monoteístas; también se dice que por encima de las múltiples deidades del Olimpo azteca reinaba un dios supremo y único denominado Tloque Nahuaque, lo que equivale a decir que aquella religión estaba en vías de transformarse en monoteísta. Creemos probable que estas interpretaciones monoteístas se deban a auto-sugestión de los cronistas o a preconcebido deseo de presentar así la cuestión.

Esta religión ejerció en los habitantes de la región una influencia moralizadora más intensa que las de anteriores períodos, pues había alcanzado más alto grado evolutivo.

Previniendo que se nos tache de indianistas a *outrance* por quienes juzguen que la influencia moralizadora a que nos hemos referido es discutible, puesto que había entonces prácticas dictadas por la religión y aprobadas por la moral que el criterio moderno halla en pugna con los más elementales principios éticos, como el sacrificio humano y la poligamia, etc., diremos, para quienes lo ignoran, que, para la época en que esas civilizaciones florecieron y para el grado evolutivo que habían alcanzado, esas prácticas estaban absolutamente dentro de la moral, así como en la vida moderna hay costumbres generalizadas que sólo contados observadores de lejana visión pueden identificar como inmorales. En cambio, muchos aspectos de la vida moral de esos tiempos pueden compararse favorablemente con las de los pueblos modernos que se precian de más civilizados y morales.

En principio, puede considerarse la implantación de la religión católica en el valle de Teotihuacán como un factor de civilización, que debió haber contribuído a moralizar á los indígenas y a consolarlos, en lo posible; pero, en realidad, la imposición de esa religión fué la causa principal, o una de las más importantes que motivaron la pronunciada y continua decadencia de la población indígena en la época colonial y en la contemporánea. El sojuzgamiento de los habitantes de Teotihuacán fué fácil y rápido, porque junto con el conquistador iba el fraile, descalzo y humilde, predicando amor y sujeción a los aborígenes, que preferían rendirse ante esa dulce persuasión que ante las altaneras amenazas de las tizonas españolas. Mas después, cuando estuvieron vencidos e inermes los indios ¿qué se hizo de aquella caridad y de esa cristiana dulzura? ¡Se transformaron en explotación, despojo y miseria para los conquistados! El monoteísmo católico no pudo ser impuesto en substitución del politeísmo acolhua-azteca, no obstante que se apeló a la inquisitorial hoguera para quemar a un *indio hereje* de Texcoco, crimen que produjo tal horror, que el monarca español ordenó que la Santa Inquisición no hincara más sus garras en las morenas carnes de los aborígenes.

Entonces se cambió de sistema, haciendo una transacción: las ideas religiosas indígenas fueron conservadas, pero se les revistió con el ropaje del catolicismo; además, las ideas de esta religión iban siendo lentamente infiltradas o fundidas con las indígenas. Los bailes indígenas o areitos, como los llamaban los cronistas, fueron transformándose lentamente en las danzas que todavía hoy se acostumbran en los pueblos del valle y en las cuales se hizo figurar a moros y cristianos, santos y demonios, unos vestidos a la usanza española y otros luciendo los arcaicos penachos de plumas de los areitos. Las deidades de la guerra, la lluvia, el maíz, etc., fueron conservadas en sus atribuciones fundamentales; pero se les dió el nombre y la vestidura de diversos santos; los Cristos presentaban derroche de sangre y heridas, lo que, por asociación de ideas, recordaba a los indios sus sangrientos ritos. El infierno no tenía símil satisfactorio en la religión indígena; pero como sería de gran trascendencia aprovechar el temor que inspirara, se le representó de la manera más objetiva y espeluznante, hasta lograr que inspirara profundo temor la amenaza de ser conducido a él, temor que en la actualidad es tan intenso como lo fué hace siglos. Innumerables observaciones análogas podrían agregarse para hacer ver que en la época colonial las ideas religiosas constituyeron un burdo politeísmo, ya que los indígenas nunca comprendieron los dogmas católicos y, en cambio, desnaturalizaron sus antiguas ideas autóctonas, lo que, para el clero y las órdenes religiosas, no ofrecía importancia, ya que nunca se empeñaron en cambiar ese estado de cosas.

Naturalmente que semejante religión no ejerció influencia moralizadora alguna en los pobladores del valle, sino que fomentó en ellos el más deprimente de los fanatismos. Entonces, ¿cuál fué su acción —se preguntará—, puesto que debe haber tenido alguna? Los resultados efectivos que se buscaron y se obtuvieron al implantar la religión católica fueron los siguientes: las órdenes religiosas y el clero secular se hicieron dueños de la conciencia y de la voluntad de los indígenas, de su propiedad rural, de su trabajo personal, de todo aquello, en resumen, que podría traducirse en bienestar y holgura para clérigos y frailes, entre los que, por supuesto, se contaron honrosas, pero rarísimas, excepciones. No se crea que exageramos, pues la idea fundamental que hemos deseado presida esta obra es la de un desapasionamiento absoluto. Para convencerse de ello, visítense las quince o veinte iglesias coloniales, de muy costosa fabricación, que hay en ese valle, habitado por 8,330 personas cuyas habitaciones, en cambio, están constituidas por miserables jacales.

En apoyo de lo que venimos afirmando, transcribimos la acusación que el piadoso Arzobispo Montúfar, autoridad indiscutible en esta materia, hizo ante el Consejo de Indias. Decía lo siguiente:

"Lo otro es que se debe dar remedio a las grandes costas y gastos y servicios personales y obras suntuosas y superfluas que los religiosos hacen en los pueblos de los dichos indios todo a sus costas. En lo que toca a las obras de los monasterios van tan soberbias, en algunas partes y donde no ha de haber más de dos o tres Frailes que para Valladolid sobrarían; y hecha una casa otro Fraile que viene si le parece derribarla y pasarse a otra parte lo hace y no tiene en nada un religioso el emprender una obra nueva que cuesta diez o doce mil ducados, que diciendo y haciendo todo es uno, *trayendo en las obras por rueda a los indios*, quinientos y seiscientos mil hombres *sin darles jornal, ni aún bocado de pan que coman y por rueda a la dicha obra de cuatro, seis y doce leguas*, a otros les echan cal y la compran a su costa y otros materiales, *dos obras he visto hasta ahora hechas en un monasterio que la una terná de costo más de ocho o diez mil ducados y la otra poco menos; cada una de ellas se comenzó y acabó dentro de un año, a costa de dineros y sudor y trabajo personal de los pobres y aún quieren decir que algunos indios mueren en las dichas obras del dicho trabajo a que no están acostumbrados y poca comida y fuera de sus casas*. Y agora visité otro pueblo, donde se habían hecho tres Monasterios de una mesma orden, el uno pobrecillo y el otro muy bueno y que pudiera servir para cualquier pueblo de Castilla; y acabado el dicho Monasterio todo de cal y canto, y una huerta muy solemne y cercada de piedras, y porque a un religioso le pareció mejor otro asiento dentro de dicho pueblo, ha cuatro años que comenzó otro monasterio bien suntuoso y una iglesia de las buenas que ellos tienen en su orden en España; y casi todo está acabado y el otro derribado."

"En un monasterio de Padres Agustinos hemos sabido que se hace un retablo, que costará más de seis mil pesos, para unos montes donde nunca habrá más de dos frailes, y el Monasterio va superbísimo y hemoslo reñido y no ha aprovechado nada; el pueblo se llama Epazuyuca, pequeño y de pobre gente, todo a costa de los dichos mazeguales y derramas que para ellos se hacen y en estos son muy culpados los padres de San Agustín, que con tener más renta la casa de esta Ciudad de México que yo tengo de mi Arzobispado, han levantado y traen obras tan gruesas en pueblos pequeños, *todo a costa de los indios que es de doler; y yo y vuestro Visorrey no lo podremos remediar.*"

Examínense los títulos de las tierras regionales y se verá que todos o casi todos pertenecen a conventos, iglesias y curatos, en tanto que los antiguos poseedores de esas tierras se veían obligados a mantener con sus tributos a la densa casta sacerdotal y a construir sus edificios religiosos, en medio de las mayores penalidades y miserias. Lease en esta obra lo referente a pleitos entre agustinos y franciscanos, que pugnaban entre sí por explotar exclusivamente a los habitantes.[1] Contémplese el *Códice de San*

---

[1] Párrafo 3 del capítulo IV de la tercera parte.

Juan Teotihuacán que aparece en esta obra y que es un conmovedor documento, capaz de convencer al más endurecido y ciego de los fanáticos. Se trata de una queja que presentaron en escritura jeroglífica a las autoridades reales los indígenas que construyeron el convento de Acolman y probablemente otros.

Ignorantes de la escritura española y conservando todavía el uso de la jeroglífica, pintaron un verdadero códice, en el que aparecen las penalidades a que estaban condenados durante la construcción de los templos; hileras de hombres conducidos con colleras como reses salvajes; otros caminando con grillos; algunos con cepos o dislocantes potros inquisitoriales; todos sangrando lastimosamente de pies a cabeza. Algunos frailes regordetes aparecen en la pintura luciendo vestiduras talares: son los verdugos; uno de ellos azota las espaldas sanguinolentas de un indígena, en tanto que a otro lo golpean cruelmente con el pie. Aparecen también en el documento acusador los exorbitantes tributos que, so pena de incurrir en tremendos castigos, tenían que dar esos esclavos: vigas y postes de madera, piedras talladas, trigo, tortas de maíz, etc., etc. Este documento es de gran valor histórico, pues su significación no debe circunscribirse a las arbitrariedades de las órdenes religiosas en la región, sino en toda la Nueva España. Era ya cantilena insistente aquella de que los frailes borraron con su caridad y su amor a los indios las crueldades de los conquistadores. En nuestra opinión, aquéllos son merecedores de más dura crítica que éstos, que siquiera expusieron la vida en mil campañas y no se ocultaron con el manto de la hipocresía. Queda, pues, sentado que si los Sahagunes y Las Casas fueron verdaderos *padres de los indios* y varones de altas virtudes, en cambio, ¡quién sabe cuántos frailes sanguinarios y expoliadores debieron morir en la horca!

Creemos, por último, suficientemente demostrado que la religión mixta o católico-pagana que presidió la vida de la población de Teotihuacán durante la época colonial, no sólo no fué moralizadora, sino más bien desmoralizadora y altamente perjudicial para el desarrollo de dicha población.

Veamos ahora cuál es el efecto moral y las ventajas o desventajas que produce en la población actual del valle la obra de la Iglesia Católica.

La Independencia no trajo consigo cambios sensibles en cuanto a la situación religiosa, pues siguió siendo la misma que era en los tiempos coloniales. A mediados del siglo XIX, las Leyes de Reforma sí dieron golpe mortal al viejo sistema al abolir las órdenes religiosas y confiscarles sus bienes; desgraciadamente, aparejada a tan benéficas leyes, vino la disposición de que las tierras comunales de los pueblos fueran divididas entre los vecinos, que quedaron constituídos como propietarios aislados de sus respectivas parcelas, resultando que éstos las vendieron a cualquier precio y que las acapararon los grandes terratenientes.

La derrota del clero y de las órdenes religiosas dió un descanso a los habitantes; pero éste fué muy corto, pues al ascender al Poder el General Díaz, paulatinamente devolvió a la Iglesia prerrogativas y privilegios, aunque éstos nunca más revistieron la importancia que anteriormente tenían. Las revoluciones que se han sucedido desde 1910 volvieron a restar elementos a la Iglesia.

Al presente, el acervo de ideas religiosas de la población conserva el mismo carácter híbrido y extravagante del catolicismo pagano a que antes nos referimos. Las órdenes religiosas habían desaparecido de la región; pero últimamente han comenzado a establecerse en ella, pudiéndose citar el conventículo de la villa de San Juan Teotihuacán, en el que frailes josefinos siguen prácticas monásticas, amén de hospedar a numerosos novicios; hasta hoy, sin embargo, no es apreciable la influencia desfavorable que más tarde ejercerá en el valle ese convento, que los frailes han llamado colegio, si no se pone el remedio oportuno. Periódicamente visitan a los habitantes los llamados misioneros, que a su salida llevan consigo millares de pesos que les han sido pagados por confesar a los fieles, casarlos, etc., etc.

Los curas, es decir, los clérigos, constituyen hoy la mano fuerte de la Iglesia en la región y, salvo contadas excepciones, su presencia en el valle es tan funesta como lo fué la de sus antecesores en otras épocas, según vamos a demostrarlo. La situación económica de los habitantes es desastrosa y, sin embargo, están obligados a pagar sumas exageradas para obtener los servicios que la Iglesia debiera ministrarles, si no gratuitamente, cuando menos a un costo reducido: misas, entierros, bautismos y casamientos tienen tan alta tarifa, que muchas personas prescinden de ellos, no obstante su fanatismo, pudiendo servir de ejemplo, para esto, el número crecido de concubinatos que hay y que son debidos a la imposibilidad económica en que están los interesados para contraer matrimonio eclesiástico. Los fiscales, que son indígenas conocedores de los recursos de los habitantes y encargados de colectar limosnas, constituyen auxiliares preciosos para la Iglesia, tanto por la eficiencia de sus servicios como porque éstos son gratuitos. Además de las citadas gabelas, deben mencionarse los famosos diezmos, que, aun cuando parezca extraordinario, se hace pagar a los habitantes por conducto de los fiscales. La confesión y la comunión no cuestan nada; así, que poca atención prestan a tal capítulo los curas. Pero lo que pone de manifiesto el aspecto meramente mercantil de la Iglesia, es que hay buen número de pequeños pueblos que por sus miserables condiciones no pueden sostener cura; pues bien, acúdase a esos lugares y se verá que sus habitantes cumplen rara vez con los preceptos católicos, es decir, son, involuntariamente, malos o defectuosos católicos, según el criterio de la Iglesia. ¿Qué hacen los curas en tales casos? ¿sacrificarse por su ministerio e ir a prestar sus servicios a esos desheredados por más que no reciban retribución? No, no proceden así; simplemente abandonan a esas ovejas poco productivas, importándoles un bledo su bienestar espiritual.

Otro aspecto que es digno de especialísima atención es el relativo al pretendido celibato que aparentemente guardan los curas. Consta a los habitantes y a nosotros, que directamente lo hemos observado, que los sacerdotes, generalmente, viven en estado marital. Es innegable el perjuicio que tal anormalidad social produce a los habitantes. Desde luego los gastos que esa manera de vivir ocasiona a los curas, son forzosamente expensados por los feligreses; en seguida, hay el peligro inminente en que pueden verse las esposas e hijas de los confiados campesinos, sobre todo si se tiene en cuenta que consideran al cura revestido de carácter divino. Por último, los bastardos de esas uniones reprochables están condenados al estigma social.

En la región ha habido terribles epidemas, sequías, malestar colectivo, etc., y, sin embargo, nunca, o casi nunca, hemos visto a los curas de la región curar a los enfermos, socorrer a los hambrientos, consolar a los parias. Se dedican a prestar los servicios de su ministerio de manera mecánica y solamente a aquellos que pueden retribuirlos.

Como tipo de los sacerdotes cuya llamada acción religiosa es altamente perjudicial para la población, podemos mencionar a uno que fué cura de la villa de San Juan Teotihuacán y que reunía todos los inconvenientes a que antes nos referimos. Innumerables quejas se presentaron a la Mitra de México sobre los delitos que había cometido, y, aunque bastante tiempo esas quejas fueron desatendidas, a la postre, el cura acusado abandonó su parroquia, no sabemos si por orden de la Mitra o simplemente para ser removido a otro curato, en cuyo caso compadecemos a sus nuevos feligreses.

En cambio, en el pueblo de San Martín de las Pirámides hay un cura de raza mezclada, representativo de los muy raros sacerdotes benéficos a la población. Este excepcional pastor sí vela afanosamente por el bienestar espiritual de su grey, alivia sus miserias materiales, les enseña principios de higiene personal y colectiva y hasta procura y costea esparcimientos y diversiones, como circos, comedias, etc., que desempeñan pequeñas farándulas ambulantes.

En resumen, la influencia de la religión católica, según se practica e interpreta por la mayoría de los sacerdotes del valle de Teotihuacán, resulta altamente perjudicial para los habitantes, aun cuando éstos, cegados por prejuicios fanáticos, no lo noten o no quieran advertirlo. Esa religión debiera ser un factor de moralización adecuado al criterio de una población que, estando, como está, en una etapa cultural retrasada, no puede todavía obrar de acuerdo con cánones puramente éticos.

En las conclusiones finales se sugieren medios para mejorar las condiciones del problema religioso regional.

El "folk-lore" regional.—Muchos y muy discutidos son los conceptos existentes sobre *folk-lore*; así, que no creemos oportuno traerlos a cuento aquí, ya que en el correspondiente capítulo de esta obra se trata tal punto con relativa amplitud; nos parece preferible explicar objetivamente en qué consisten las manifestaciones *folk-lóricas* del valle. Siendo tan difícil diferenciar satisfactoriamente el *folk-lore* de la Etnografía propiamente dicha, advertiremos que nos será imposible evitar algunas confusiones a tal respecto.

El conocimiento que la mayoría de los habitantes de Teotihuacán tienen de sí mismos y del mundo que los rodea, no es de índole científica, ni tampoco está informado en lo que lecturas de diversos géneros pudieran sugerirles, ya que, como en distintas ocasiones hemos dicho, no tienen a su alcance libros, periódicos ni impresos en general. Sin embargo, poseen un conocimiento, un concepto, el cual está fundado en peculiares interpretaciones de hechos actuales y pretéritos. En efecto, un gran número de población es analfabeto, y en cuanto a la minoría restante, que sabe leer, jamás ha leído ni puede leer otra cosa que los libros elementales que le ministraron esa enseñanza, pues carece de otros impresos. A cambio de esa carencia de informaciones que pudieran suministrarles el libro, la revista y el periódico, poseen tres fuentes de información bien profusas: 1º—Las tradiciones, que han venido transmitiéndose verbalmente. 2º—Apreciaciones directas de carácter actual. 3º—Interpretaciones de esas apreciaciones, transmitidas verbalmente.

Entre los habitantes de nuestras ciudades modernizadas, por ejemplo, la Capital, las tradiciones verbales han disminuído sensiblemente y las observaciones directas son circunscriptas, limitadas e incomparablemente menos acuciosas que las de aquéllos. Por último, es débil la transmisión verbal que se hace de interpretaciones sobre hechos actuales. El material impreso, con sus mil tentáculos de pulpo gigantesco, entra en todos los rincones y en todos los cerebros y hace conocer las experiencias del pasado, los hechos del presente y las probabilidades del futuro. La tradición verbal se hace estorbosa; la observación directa queda reservada a los especialistas. Los profesionistas, los investigadores, los eruditos se forman, así, un concepto científico de la vida interna y externa; el gran vulgo no logra esto, pero alcanza conocimientos relativamente autorizados, si no por medio del libro, con la ayuda del periódico barato, que es la preciosa enciclopedia de los pobres. Resta siempre un grupo de analfabetos, es cierto; pero éstos, por conocido fenómeno psicológico, reflejan mecánicamente el pensamiento colectivo de aquéllos. Por supuesto que lo asentado no quiere decir que en la Capital no existan manifestaciones *folk-lóricas*, pues sí las hay; pero están incomparablemente menos generalizadas y son mucho menos profusas que en las poblaciones rurales.

Lo expuesto explica suficientemente por qué la vida intelectual de los campesinos teotihuacanos difiere profundamente de la de los habitantes de la metrópoli. Los primeros comprenden la vida *folk-lóricamente*, es decir, como ellos la interpretan, con exclusivo criterio regional, y como la interpretaban sus antecesores, en tanto que el concepto de los segundos es relativamente normal, pues está basado en las informaciones que suministra a su criterio el progreso moderno.

Expongamos algunos ejemplos que ilustren la cuestión: si un habitante de la Capital está seriamente enfermo, generalmente consulta al médico, porque sabe que ese profesionista es apto para curarlo. En el valle no se acude al médico, sino que los mismos familiares del paciente diagnostican, desde luego, si se trata de verdadera enfermedad o de maléficas influencias producidas por brujería. En el primer caso, se ocurre a los curanderos de uno u otro sexo, a las parteras o a los *compone-huesos*. No nos detendremos a enumerar los numerosos remedios de origen vegetal y animal que se usan en la famacopea *folk-lórica*, ni a criticar los sistemas de *massage* que se aplican; mas debemos confesar que, si bien esos procedimientos curativos son empíricos, en algunos casos es preferible aplicarlos, en vez de abandonar al enfermo, ya que, según dijimos, no existen médicos en la región. Por lo demás, la experiencia que por decenas de centurias se ha transmitido a los indígenas del valle al usar sus plantas medicinales y sus métodos de Obstetricia y *massage*, recuerdan que la Medicina europea de hace uno o dos siglos no era ni más ni menos adelantada.

Si creen los familiares o el mismo paciente que la enfermedad es resultado de brujería, se acude a brujos o brujas que, por medio de conjuros, exorcismos y otras ceremonias mágicas, procuran hacer que el mal desaparezca. Si juzgamos que no hay médicos en la región y tenemos en cuenta la tradicional experiencia de curanderos y *compone-huesos*, puede disculparse y aun aceptarse el sistema curativo de éstos; pero en lo que respecta a brujos, brujas y brujerías, creemos que su acción es con frecuencia perjudicial, como sucede también con cartomancianas, profetizas y otras brujas que actúan en la misma Capital. Por supuesto que estamos lejos de ridiculizar la influencia efectiva y real de las energías psíquicas, magnéticas, hipnóticas, telepáticas u otras que intervienen en esas prácticas cabalísticas; ignoramos su manera de manifestarse; pero suponemos que existen.

Como ejemplo típico del primer caso, podemos mencionar lo sucedido al niño Patrocinio Méndez, que sufrió la fractura del fémur con desgarramiento muscular y abundante hemorragia, permaneciendo al cuidado de un curandero durante quince días. Si bien ese individuo no logró curarlo, en cambio detuvo la gangrena durante un largo período, no obstante que la herida estuvo constantemente abierta; no pudimos investigar qué medicinas vegetales usó. Posteriormente, dicho niño fué traído a la Cruz Roja de México y atendido con resultados extraordinariamente encomiables, pues en la actualidad anda normalmente.

Con respecto a brujerías, puede también citarse algo típico: el caballerango de la zona arqueológica, Angel Huesca, comenzó a adolecer súbitamente de un tumor en el hombro derecho, el cual atribuía él a *mal de ojo* que le había hecho una mujer, por haber arrojado fuera de la zona algunos animales que pertenecían a aquélla. Huesca consultó a curanderos, que, no atreviéndose a intervenir quirúrgicamente, aplicaron pomadas, fricciones y yerbas, sin éxito alguno. En vista de este fracaso, se dirigió a las brujas con el fin de que contrarrestaran el *mal de ojo* de que era víctima; pero, como era de esperarse, tampoco obtuvo alivio. Hay que advertir que el subscrito propuso desde un principio al citado Huesca que en México podría ser curado gratuitamente y de modo radical, oferta que insistentemente fué declinada, hasta que, viendo la ineficacia de curanderos y brujos regionales, resolvió venir a la Cruz Roja, por gestiones de la Dirección de Antropología, siendo su curación rápida y radical, lo que en algo contribuyó a debilitar su fe en la Medicina y en la magia de la región.

Es de mencionarse, igualmente, *el levantamiento de los espíritus* al que se hace amplia referencia en el capítulo respectivo (*lámina 11*). Las

LA POBLACIÓN DEL VALLE DE TEOTIHUACÁN   *Introducción. Lámina 11.*

a).—Puente desde el cual se arrojó, pretendiendo suicidarse, la joven que aparece en la figura *d*.

b).—Muñeco de trapo, hecho con las ropas que vestía la citada joven el día del suicidio frustrado.

c).—La bruja golpeando el muñeco de trapo con el fin de curar a la joven de las contusiones recibidas.

d).—La bruja y la joven después de la curación.

innovaciones favorables a la población que ha implantado la Secretaría de Agricultura y Fomento, por conducto de la Dirección de Antropología, engendraron animadversión en los vecinos de cierta hacienda, los cuales, pretendiendo perjudicar los intereses federales representados por la zona arqueológica, procuraron *alejar las lluvias* de la citada zona, lo que, para el criterio campesino, constituye el más terrible maleficio. Con tal objeto, enterraron botellas con *agua de gloria* (agua bendecida en el sábado de Gloria) en diversas partes de la zona. Por una circunstancia casual, pero en cierto modo sorprendente, dados los antecedentes citados, las lluvias fueron muy escasas en la zona, con gran contentamiento de los pretendidos autores de la sequía. Sin embargo, éstos vieron fracasadas sus intenciones al saber que, lejos de perjudicar la ausencia de lluvias a la zona arqueológica, le era benéfica, pues contribuía a la mejor conservación de las estructuras arquitectónicas descubiertas.

Los monumentos arqueológicos del valle son, de acuerdo con el criterio moderno, estructuras arquitectónicas dedicadas en remotos tiempos al culto de diversas divinidades, principalmente a las de carácter cósmico, como el sol, la tierra, la lluvia, etc. En cambio, los habitantes de la región tienen conceptos especialísimos sobre el carácter de esos monumentos, conceptos que no sólo están basados en las tradiciones prehispánicas y coloniales de carácter etnográfico y *folk-lórico*, sino que, en ocasiones, todavía surgen espontáneamente, siendo de tales casos el relativo al peón Rosalío Aguilar, quien tenía encomendado vigilar durante la noche los sepulcros arqueológicos que estaban explorándose en la meseta superior de la pirámide del templo de Quetzalcóatl. Este individuo asegura que los espíritus de los hombres cuyos restos fueron encontrados allí, lo increparon severamente por haber violado su retiro y se refirieron al consabido tesoro que es inherente a la aparición de tales espíritus. A consecuencia del fantástico incidente, Aguilar estuvo enfermo de fiebre muy alta durante algún tiempo.

Las danzas religioso-paganas que tan frecuentes son en la región, constituyen uno de los más interesantes aspectos *folk-lóricos*. Resultaron de la fusión entre las danzas indígenas rituales que se hacían en los atrios o patios de los *teocallis* y los bailes colectivos que entonces y aun hoy se estilan en diversos lugares de España. Las *relaciones* o recitados de carácter prehispánico que acompañaban a las primeras fueron substituídas por las que correspondían a los segundos o por otros que se hicieron exprofeso. Este fué uno de los medios más eficaces que hallaron los frailes españoles para impulsar las ideas invasoras, principalmente las de índole religiosa, pues conseguían ir debilitando o desterrando las de carácter aborigen. Aun cuando estas danzas son de carácter propiamente etnográfico, es imposible dejar de considerarlas también con criterio *folk-lórico*. Huelga decir que tanto esos bailes como el canto, la música y las *relaciones* que los acompañan, son generalmente desconocidos entre los habitantes de nuestras ciudades modernas y, sobre todo, de la Capital, mientras que en el valle constituyen una de las más salientes modalidades de la vida regional. Entre otras, pueden citarse *Los Moros y Cristianos* y *Los Alchileos* (láminas 12, 13, 14 y 15).

Manifestaciones análogas a las anteriores son ciertas representaciones nocturnas de carácter verdaderamente teatral; en algunas se advierte la influencia directa de temas de origen español, o bien toda la composición lo es, como sucede con las pastorelas; en cambio, en otras, como *El "Tlachiquero" y el Valedor*, predomina marcado carácter indígena.

A muchos otros aspectos *folk-lóricos* podríamos referirnos; pero creemos innecesario hacerlo aquí, ya que están profusamente expuestos en el capítulo correspondiente.

Opinamos, en comentario final, que la extensión e intensidad que presenta la vida *folk-lórica* en la gran mayoría de la población, demuestra de modo elocuente el retraso cultural en que vegeta la misma. Curiosa, atractiva y original es esa vida arcaica que se desliza entre artificios, espejismos y supersticiones; mas en todos sentidos sería preferible para los habitantes estar incorporados a la civilización contemporánea de avanzadas ideas modernas, que, aun cuando desprovistas de fantasía y de sugestivo ropaje tradicional, contribuyen a conquistar de manera positiva el bienestar material e intelectual a que aspira sin cesar la humanidad.

El idioma regional.—Hemos dicho ya que en remotos tiempos habitaban en el valle agrupaciones del tipo cultural arcaico o sub-pedregalense, cuyo idioma era probablemente el otomí. Inmigrantes del N., que generalmente son denominados toltecas, los conquistaron y fundieron con la cultura autóctona la que ellos traían consigo, produciéndose, así, la civilización teotihuacana, siendo de presumirse que impusieron el uso de su idioma, que, según todas las probabilidades, era el azteca. Por último, las agrupaciones de tipo cultural azteca y de idioma azteca conquistaron a su vez a los teotihuacanos. El hecho es que, al llegar los conquistadores, el idioma azteca era el generalizado en la región.

La raza y las manifestaciones de cultura de los habitantes del valle persistieron durante los siglos coloniales y aun hoy día caracterizan a la mayoría de la población. En cambio, el idioma aborigen fué siendo paulatinamente substituído por el español. En la parte de esta obra referente a la población colonial, se transcriben documentos escritos en idioma azteca, correspondientes a los siglos XVI, XVII y XVIII, a fin de mostrar la incorporación progresiva de palabras y giros ideológicos españoles. En la parte correspondiente a la población contemporánea se incluye un estudio sobre el idioma azteca o mexicano que contadas personas hablan en el valle.

Gobierno, justicia y política.—En este valle, así como en la República y aun en toda la América Indo-hispana-portuguesa, se advierte que uno de los principales motivos que han sido obstáculo para el floreciente desarrollo de la población, consiste en que los sistemas de gobierno impuestos a ésta, desde que se inició la dominación europea, fueron inapropiados e ilógicos y, por tanto, perjudiciales.

No poseemos datos suficientes para referirnos al gobierno establecido en el valle en la lejana época de florecimiento teotihuacano; pero la im-

a).—Danzantes con indumentaria de «Cristianos» en la representación de «Los Alchileos.»

b).—«Pilatos» y «Santiago» en la representación de «Los Alchileos.»

a).—Una escena de la «Relación» de «Moros y Cristianos.»

b).—Una escena de la «Relación» de «Los Alchileos.»

*a).—*Indumentaria de un «alchileo.»

*b).—*Descanso en el baile, que aprovecha uno de los personajes para arreglar su traje.

a).—Capa de un «Cristiano.»

b).—«Santiago» con traje de charro en la representación de «Los Moros y Cristianos.»

portancia artística e industrial y la extensión de los poblados cuyos vestigios arqueológicos se describen en esta obra, permiten presumir que el gobierno estaba organizado de acuerdo con las necesidades, tendencias y aspiraciones de la población, puesto que su bienestar se halla objetivamente expresado por lo que simbolizan y representan esos vestigios.

El gobierno de la población en el período acolhua-tezcocano, es decir, el gobierno que encontraron organizado los conquistadores, sí nos es conocido en diversos aspectos, y podemos decir de él que, como fruto resultante de la experiencia y de la evolución en numerosos siglos, era perfectamente adecuado al modo de ser de la población. En todos los actos de gobierno intervenían, directa o indirectamente, la idea y la acción de los habitantes, cuya influencia en el rey de Texcoco y en el señor de Teotihuacán era efectiva y estaba encaminada a producir el bienestar colectivo. A este respecto, el mejor testimonio consiste en los frecuentes encomios que de tal sistema gubernamental hacen las crónicas coloniales.

El sistema de gobierno español, derivado de las necesidades, aspiraciones y tendencias de hombres diferentes en todos sus aspectos a los indígenas, como eran los peninsulares del siglo XVI, descendientes de ibéricos, godos, romanos, moros, etc., no pudo substituir felizmente al gobierno indígena, por lo que, durante la época de la colonia, constituyó una imposición artificial, es decir, fué eficaz para la minoría española; pero la mayoría indígena procuró, siempre que le era posible, evadir y burlar sus disposiciones. Sin embargo, como el poder estaba en manos de los españoles, quienes disponían ampliamente de medios de imposición y represión, la población aborigen fué marchitándose, como una planta sin riego, en ese medio artificial y deprimente. Nunca deberá olvidarse que gobernantes humanitarios elaboraron leyes destinadas al buen gobierno y a la felicidad de los indígenas; pero, como es bien sabido, esos códigos altruístas fueron, por lo general, letra muerta en la Nueva España.

El advenimiento de la Independencia interrumpió con voces triunfales el letargo de los vencidos, pareciendo que iba a darles nueva vida y nueva sangre. Desgraciadamente, ese noble movimiento que Morelos y Guerrero pensaron significaría la emancipación de todos los mexicanos, incluyendo a los de la raza indígena y mestiza a que pertenecían ellos, fué proyectado y efectuado en gran parte por las minorías que habían esclavizado a los indígenas durante cuatro siglos: hijos de encomenderos, órdenes religiosas, clero secular y militares desertados de las filas españolas monopolizaron todas las ventajas que traía consigo la emancipación. Los millares o cientos de millares de hombres de buena fe que dieron sangre y vida en esas luchas homéricas, resultaron burlados, pues no llegaron a saber que su sacrificio sería estéril. En efecto, las constituciones y leyes que siguieron a la Independencia eran más exóticas y artificiales aún que las coloniales, ya que ni siquiera tuvieron en cuenta la legislación de Indias de los gobiernos virreinales. Fueron esas leyes y constituciones copia fiel de las vigentes en Francia, Estados Unidos y España. Los antecedentes históricos de la población indígena-mestiza, que formaba aplastante mayoría numérica; sus idiosincrasias; sus características; sus ideales, tendencias, necesidades y aspiraciones no fueron tenidos en cuenta. Los elementos dirigentes, cuyo modo de ser material e intelectual estaba moldeado en el tipo español e inspirado en anhelos extranjeristas que les hacían importar ideas y costumbres de otros países, por inadecuadas que fueran para ellos, elaboraron e impusieron, repetimos, los gobiernos del siglo XIX, los que, naturalmente, fueron repudiados por la mayoría de los habitantes. Así pueden explicarse las revoluciones aparentemente ilógicas que han conmovido sin cesar a México.

La Revolución de 1910-20 aun no ha producido a la población del valle las ventajas que en otras regiones del país trajo consigo, y, en cambio, produjo grandes perjuicios. La falta de medios de defensa y la natural pasividad de los habitantes hicieron que éstos fueran impunemente despojados, por distintos bandos, de ganados, semillas, aperos, cereales, etc., etc. En cambio, todavía no se hacen dotaciones de tierras, no obstante las múltiples solicitudes de los vecinos; todavía no se devuelven definitivamente las aguas a algunos pueblos que fueron despojados de ellas; la impartición de justicia es defectuosa y, generalmente, adversa para los menesterosos, que constituyen la mayoría; las funciones electorales son objeto de fraudes e imposiciones; los representantes de la región en las Cámaras Legislativas nunca se han preocupado de la mejoría de los habitantes, y cuando lo hacen, es para defender los intereses de los grandes terratenientes, como sucedió con la cuestión del pulque en la Cámara de Diputados, etc.

En resumen, la población actual está, en lo referente al gobierno que la rige, en condiciones casi tan desfavorables como en el pasado, pues las leyes todavía no son adecuadas a los antecedentes y a las características de la mayoría social. Aun suponiendo que la población pueda ir adaptándose a esas leyes, lo que no debería ser, éstas resultan ineficaces, porque su texto es desconocido por los habitantes y lo será mientras sigan viviendo éstos la existencia de carácter *folk-lórico* a que antes nos referimos. Y sucede entonces, por una parte, que la ley escrita resulta impracticable y, por tanto, inútil, mientras que, por la otra, la ley salomónica, la ley *folk-lórica*, la derivada de la observación y experiencia antigua de los fenómenos sociales locales, tampoco puede tener libre acción, porque aquélla, la escrita, obstruye y estanca sus efectos.

En las conclusiones se sugieren medios para iniciar la futura resolución de este problema trascendental.

Educación.—El término *educación* corresponde a múltiples significados y tendencias: educación moral, física, artística, industrial, literaria, social, cívica, etc., es decir, que el dominio satisfactorio de casi todas las actividades humanas requiere previa y fundamentalmente la acción del factor educativo. Claro es que se puede vivir sin educación de ningún género, como sucede con los animales montaraces; pero esto, en la humanidad actual, es vegetar lastimosamente en una existencia incompleta, enfermiza y condenada al aniquilamiento.

En el valle, el concepto reinante sobre educación es absolutamente unilateral y circunscripto. Ya se aplica para significar el código regional sobre las costumbres sociales que la tradición ha consagrado, o bien se juzga que educar es inculcar a los niños la lectura, la escritura y otros conocimientos elementales. Naturalmente que tan estrecho criterio es uno de tantos motivos que explican la decadencia intelectual y física de la población.

Educar a poblaciones de países europeos culturalmente avanzados es tarea difícil, pero factible a la postre, porque se cuenta por adelantado con la homogeneidad étnica, cultural, lingüística, etc., de las agrupaciones por educar, lo que ya es ventaja, puesto que son posibles la generalización y la unificación de métodos educativos. En cambio, en países como México, cuyas agrupaciones sociales difieren en todos esos puntos de vista, el problema es sumamente arduo y, en ocasiones, de imposible resolución. Aunque en el valle la población no es tan heterogénea y opuesta entre sí como en otras regiones de la República, las diferencias de diversa índole que presentan los grupos que la forman, son suficientes para obstruir de manera efectiva la acción de cualquier plan educativo, sobre todo si éste no está informado en el conocimiento íntimo y experimental de las características étnica y psico-sociales de los habitantes y de las condiciones del ambiente que los rodea.

Examinemos, en efecto, algunas de las características y diferencias que, en cuanto a conceptos educativos, se observan en la región. La moral es comprendida y practicada de diversas maneras: una insignificante minoría social condena, por ejemplo, las uniones maritales libres, que para la mayoría son tan respetables y legítimas como las reconocidas por la ley o por la Iglesia. En el fondo, esta diferencia de criterio no tiene razón de ser, puesto que la minoría citada, sugestionada por la tradición religiosa y por la estrecha disciplina de sus costumbres, cree que esos matrimonios naturales son fruto de vicio, como acontece en ella y en las poblaciones de las grandes ciudades, cuya vida social se empeña en copiar. En cambio, para las mayorías, tales enlaces son perfectamente legítimos y dignos de respeto, ya que, como las otras, persiguen la fundación de un hogar honrado. Si algún aspecto inmoral tienen estas uniones, consiste en que, si los padres tienen bienes de fortuna y mueren intestados, esos bienes, en ocasiones, no son heredados por sus hijos, que son llamados naturales, sino por parientes cercanos o lejanos, injustamente consagrados por la ley civil y que ningún derecho tan humanamente legítimo tienen para ello, como quienes, por virtud del amor, que es la suprema ley, continúan en espíritu, en sangre y en carne la vida de los extintos. En este caso, es urgente la educación legal de quienes ignoran los beneficios que trae consigo la ley en lo que se refiere al matrimonio.

Los habitantes son víctimas inermes de los abusos eternos de toda clase de autoridades regionales del Estado y de la Federación: contribuciones; multas; faenas colectivas; imposición de autoridades; desprecio a sus solicitudes de tierras, de aguas, de atención médica, de instrucción, etc., constituyen la pesada losa que en nombre de la ley gravita sobre la población, que, desgraciadamente, en muchas ocasiones no se da cuenta de ello. Hay, pues, que educar enérgicamente a las autoridades, corrigiéndolas, penándolas y destituyéndolas, hasta que aprendan que el verdadero objeto de las leyes, de que ellos son ejecutores, es beneficiar a la población y no expoliarla y perjudicarla. Debe mostrarse a los habitantes los abusos de las autoridades, no para que las destruyan a sangre y fuego, lo que sería de escasos o contraproducentes resultados, como lo experimenta la población del valle desde hace diez años, en que ninguna o casi ninguna mejoría logró alcanzar, sino para que las desenmascare, ahuyente y aprisione si es necesario. En la villa de Teotihuacán se dió un notable ejemplo de educación cívica colectiva: la autoridad principal fué retirada pacíficamente a petición de los vecinos, que comprobaron debidamente sus malos procederes.

En lo que respecta a educación física e higiénica, es urgente una propaganda intensa. Hay que aconsejar la práctica continua de la vacuna, el uso frecuente del baño, la intervención médica, etc.[1] Es necesario sugerir que disminuya o se evite el exagerado trabajo de los niños y de las mujeres; que se disminuya la duración de la labor de los hombres y se les enseñe a hacer más efectivo el trabajo por medio de herramientas acondicionadas y del manejo apto de las mismas. Es conveniente acostumbrar a los hombres, mujeres y niños a que posean una reserva de energías físicas a fin de emplearlas en actividades agradables, como son los deportes, para los que el indígena tiene grandes aptitudes.

En el valle existen abundantes materias primas y, sin embargo, la producción industrial es insignificante por el hecho de que los habitantes carecen de la educación técnica necesaria para transformarlas en productos industriales y explotarlas comercialmente.

La más elemental educación agrícola es desconocida entre la mayoría de los habitantes.

En varias partes de esta obra se ha indicado la diferencia de conceptos religiosos que hay entre la mayoría de origen indígena y la minoría blanca. Para ésta, por ejemplo, sería pecado grave el que un grupo de danzarines bailara los arcaicos lanceros o el novísimo *shimmy* frente al altar mayor de una iglesia, en tanto que el gran resto de habitantes indígenas considera como parte indefectible del ritual las danzas de *alchileos* o de *moros y cristianos* y otra que presenta, a la vez, un curioso y mixto aspecto de lanceros y de *shimmy*. Hay que educar estas manifestaciones coreográficas profano–religiosas, procurando despojarlas gradualmente de su carácter ritual, a fin de que se desarrollen en un sentido exclusivamente artístico.

No existe en el valle concepto sensato—pues cuando lo hay es *folk-lórico*— de lo que significan el universo, el mundo terrestre, los países extranjeros, la República y ni siquiera la patria. Se vive dentro del horizonte que recortan las montañas azuladas. Motivos de comercio, de política o de otro género obligan a escaso número de habitantes a conocer accidental-

---

[1] Siempre que la Dirección de Antropología ha intentado traer enfermos a esta Capital, encontró tenaz resistencia, que en algunos casos fué vencida al mirar el enfermo su creciente gravedad.

mente tres lugares que están fuera del valle y que son: Texcoco, cabecera del distrito; Toluca, capital del Estado, y México, la capital de la República. Falta educación geográfica, política y cívica.

El pasado del país es ignorado por la generalidad de la población en sus verdaderos aspectos, ya que su conocimiento está exclusivamente basado en incierta tradición de carácter etnográfico y *folk-lórico*. Dos o tres nombres de personajes históricos, como Hidalgo, Juárez y Cuauhtémoc, son relativamente conocidos; pero no se sabe en realidad cuál fué su obra, ni en los más superficiales lineamientos.

Lo anteriormente expuesto, y mucho más que pudiéramos agregar, hace ver palpablemente que la población del valle carece de una educación integral que encauce eficazmente las actividades materiales e intelectuales más importantes de la existencia.

Gobernantes de buena fe del Estado de México, al que políticamente pertenece la región, desarrollaron vigorosos esfuerzos en pro de la educación regional; pero fracasaron en su noble empresa por la unilateralidad y el exclusivismo de criterio que campeaba en el método educativo empleado. Este, en efecto, no fué integral, no tendió a educar a los habitantes en las diversas actividades de la vida, sino se redujo, según ya dijimos, a educarlos alfabéticamente, es decir, se limitó a difundir entre los mismos el conocimiento de la lectura y de la escritura y otros conocimientos elementales. El resultado fué que, en la actualidad, quienes saben leer y escribir suman un 25% de la población total, cifra satisfactoria si se compara con la de otras regiones. Mas ¿qué provecho efectivo trajo consigo la alfabetización de esos niños? Creemos que poco o ninguno, aunque parezca exagerado esto último. Comprobamos objetivamente esta afirmación mostrando la aflictiva situación de esos niños de entonces, que hoy son jornaleros y cuya vida intelectual, social y económica es tan atrasada como la de los que no concurrieron a la escuela. Esto se debe, en primer término, a que, como varias veces hemos repetido, quienes saben leer y escribir en la región tienen que resignarse a leer los libros de enseñanza y a escribir rara vez, puesto que por diversos motivos, entre ellos la imposibilidad económica, no pueden conseguir impresos de ninguna clase. Por otra parte, los textos que se usaban y que en algunos lugares aun se usan, se refieren a temas exóticos que pronto desaparecen de la mente infantil. Por último, los sistemas pedagógicos usados han sido copia fiel o mal interpretada de los vigentes en la capital del Estado de México y en esta Capital, los que son adecuados a la niñez urbana que vive en el ambiente de la civilización moderna y generalmente pertenece a la raza blanca; pero que no son aplicables a niños indígenas y mestizos, sobre los que pesan intensos prejuicios de una cultura retrasada en cuatro siglos y no viven la vida de la ciudad, sino la de los campos.

Nunca se tuvo en cuenta la educación de los adultos, quienes, naturalmente, ejercen en los hijos decisiva influencia retardataria y contrarrestan los progresos inculcados por medio de la raquítica educación a que ya aludimos. En las conclusiones mencionaremos lo que se ha hecho en pro de la educación integral de los habitantes del valle por la Dirección de Antropología.

Arquitectura, escultura y pintura.—*Arquitectura prehispánica.*— La arquitectura, como las demás manifestaciones culturales de la población actual del valle, presenta un estado de marcada decadencia, lo que puede comprobarse, no sólo examinando la raquítica y burda producción que hoy se hace en tal sentido, sino también comparando su insignificancia con el alto grado de desarrollo que habían alcanzado tales manifestaciones en épocas anteriores.[1]

Muy difícil es para nosotros emitir hipótesis autorizadas sobre los orígenes de la arquitectura teotihuacana; pero, sin embargo, expondremos nuestra opinión personal, que es derivada de observaciones hechas en ella y en otras arquitecturas prehispánicas, y exenta, en lo posible, de apreciaciones aventuradas.

Los numerosos descubrimientos de edificios y las excavaciones de exploración hechas en el valle y, principalmente, en la ciudad arqueológica, que está situada en la parte central del mismo, demuestran irrecusablemente que nada más existieron arquitecturas de tipo teotihuacano, notándose sólo diferencias morfológicas, pero no esenciales, entre el primer período arquitectónico, que fué de florecimiento, y el segundo, de decadencia. Es decir, que antes de que los teotihuacanos llegaran al valle, no había en él construcciones de ningún género, por lo que, naturalmente, la arquitectura teotihuacana no fué influenciada en la región por ningún otro estilo. Al abrirse un túnel en la pirámide del Sol con el fin de conocer su estructura interior, se hallaron, en el cuerpo de los adobes que la forman, cabecitas y fragmentos de barro de tipo arcaico o sub-pedregalense, lo que indica que la región estaba habitada, antes de la llegada de los teotihuacanos, por individuos de cultura arcaica o sub-pedregalense (otomíes) y que la tierra con que se elaboraron los adobes contenía vestigios de ese tipo. Esto sugiere también que los arcaicos o sub-pedregalenses no poseían todavía construcciones propiamente arquitectónicas, cuando menos en el valle, hipótesis que se confirma en las excavaciones hechas debajo de la lava del Pedregal de San Angel, en las que se encontró profusión de objetos de barro y piedra, pero ningún vestigio de edificios.

En un ensayo sobre arquitecturas prehispánicas que hicimos hace algún tiempo,[2] las clasificamos, desde los puntos de vista constructivo y estético, en tres grupos: 1º—Las que están representadas por las construcciones de tipo de los *pueblos*, como Casas Grandes. 2º—Las de transición, que tienen como tipo los monumentos de Chalchihuites. 3º—Las arquitecturas que llamamos *piramidales* por tener como elementos fundamentales la pirámide y el plano inclinado, siendo varios los correspondientes tipos representativos: Teotihuacán, Mitla, monumentos mayas,

---

[1] No habiéndose efectuado las exploraciones del templo de Quetzalcóatl, que muestran que el primer período fué de florecimiento y el segundo de decadencia, cuando el arquitecto Marquina escribió el artículo *Arquitectura y Escultura*, en este último se notará cierta contradicción con respecto a lo que decimos en este artículo.

[2] Manuel Gamio.—*La Geografía Arqueológica de México.* En *Boletín de la Sociedad de Geografía y Estadística*. México, 1919, Quinta época. Tomo VIII.—Número 2.

etc. En este tercer grupo pueden todavía establecerse dos sub-grupos o clases correspondiendo al primero las arquitecturas de la Altiplanicie Central, entre las que puede considerarse como tipo la de Teotihuacán, en tanto que en el segundo se incluyen las de las costas, que están típica y profusamente representadas por los edificios mayas: Chichén-Itzá, Palenque, Uxmal, etc. En nuestra opinión, pues, la arquitectura teotihuacana ha sido sucesivamente derivada de edificaciones de tipo de *yácatas* (Jalisco y Michoacán), edificios de El Teul (Jalisco en sus límites con Durango), edificios de La Quemada (Zacatecas), edificios de Chalchihuites (Zacatecas en sus límites con Durango), edificios de El Zape (Durango), edificios de Casas Grandes (Chihuahua) y edificios de los *pueblos* del S. de los Estados Unidos.

¿A cuántos siglos asciende la antigüedad de la arquitectura teotihuacana,[1] representada por la ciudad arqueológica de Teotihuacán? Esta pregunta se nos hace por todos los turistas que visitan la región, los cuales se muestran admirados porque no hemos podido satisfacerlos al decirles que no lo sabemos a punto fijo. Sin embargo, en numerosas ocasiones hemos analizado esta cuestión, y aun cuando no podemos, repetimos, fijar una cronología directa y exacta, hemos llegado a conclusiones indirectas que, si no satisfacen, cuando menos suministran orientaciones para futuros investigadores. Aun cuando hemos incluido en el grupo de *arquitecturas piramidales* las correspondientes a los tipos maya y teotihuacano, y aceptamos que en grandes lineamientos presentan analogías que son explicables, dada la común procedencia de los aborígenes americanos, creemos que la arquitectura de Teotihuacán corresponde a épocas anteriores a aquella en que comenzó a desarrollarse la arquitectura maya, y como la antigüedad de ésta, según cálculos cronológicos suficientemente satisfactorios, es de dos mil años, no es exagerado señalar a la arquitectura teotihuacana dos mil quinientos a tres mil años, dado el largo proceso evolutivo que requiere la formación de esta arquitectura desde sus principios hasta el fin del segundo período o período de decadencia.

Procuraremos demostrar la antelación de la arquitectura teotihuacana respecto a la maya. Si la arquitectura maya hubiera antecedido inmediatamente a la teotihuacana, en ésta indudablemente se notaría la influencia de aquélla, lo que no sucede, pues las exploraciones hechas en Teotihuacán en los últimos años y expuestas en esta obra no permiten identificar esa influencia de modo positivo. Si la arquitectura maya hubiera sido contemporánea de la teotihuacana, la mutua influencia debería haber sido muy pronunciada, lo que tampoco es así, pues ya dijimos lo que se observa en Teotihuacán. Por último, en nuestro modo de pensar, la arquitectura teotihuacana no antecedió inmediatamente a la maya, sino le fué anterior en un largo período de tiempo; en efecto, si hubiese sucedido lo primero, la influencia del estilo teotihuacano en el maya habría sido muy amplia y pronunciada, como es el caso de la cultura azteca, que sí influenció a la maya en mayor escala por ser ambas casi contem-

---

[1] Las deducciones cronológicas que se exponen, relativas a la arquitectura teotihuacana, son aplicables, en general, a la cultura del mismo nombre.

poráneas o por separarlas un período cronológico incomparablemente inferior al que separó entre sí a las civilizaciones maya y teotihuacana; en cambio, las influencias débiles y de carácter propiamente esporádico que la arquitectura teotihuacana imprimió a la maya, fortalecen nuestra hipótesis.

Por otra parte, el poder de expansión de la cultura maya y, por tanto, de su arquitectura, era tan grande, que no sólo dejó huellas indudables y positivamente identificables en Centro-América, sino que se extendió a los territorios que hoy constituyen los Estados de Chiapas, Campeche, Tabasco, Veracruz y Oaxaca (Monte-Albán); aun más, en el Estado de Morelos, relativamente inmediato a Teotihuacán, está Xochicalco, monumento de indiscutible origen maya. ¿Es aceptable suponer que, siendo contemporáneas las culturas maya y teotihuacana, no hubiesen estado en íntimo contacto, cuando en lugar tan cercano a Teotihuacán, como es Xochicalco, la primera dejó huellas firmes de su paso? Indudablemente que no. Respetables autores, se nos dirá, opinan que sí son contemporáneas tales arquitecturas, entre ellos, el doctor Hérbert J. Spinden, en su interesante obra *Maya Art*,[1] y el profesor Thomas A. Joyce, en su acucioso manual *Mexican Archaeology*.[2] Concediendo el debido crédito científico a tan distinguidos americanistas, no podemos, sin embargo, aceptar sus postulados a tal respecto, por dos motivos principales.

1º—Si bien las manifestaciones de cultura intelectual de los toltecas o teotihuacanos son algo conocidas, en cambio, las de índole material, principalmente la arquitectura, han permanecido casi totalmente desconocidas hasta estos últimos años, en que la Dirección de Antropología ha efectuado diversas investigaciones, que aparecen descritas en esta obra. En efecto, ¿dónde están descritos los edificios de arquitectura teotihuacana, en publicaciones anteriores a ésta? En ninguna parte. Si, pues, no se conocía satisfactoriamente la arquitectura teotihuacana, no se podía encontrar en ella influencias de otras culturas o influencia de éstas en aquélla; el doctor Spinden opina como nosotros en su obra citada.[3]

2º—Todas las analogías entre las arquitecturas maya y teotihuacana han sido deducidas principalmente de la observación de contados fragmentos esculpidos procedentes de Tula,[4] sin tener en cuenta que en ellos hay la influencia azteca, ejercida en época en que la cultura clásica teotihuacana estaba ya desintegrada. El señor Joyce, basándose en los *Anales de Cuauhtitlan*, indica que la civilización tolteca o teotihuacana se inicia a principios del siglo VIII de la era cristiana; mas nos ocurre preguntar: ¿debe concederse más autoridad a esos *Anales* y a los cronistas coloniales que opinan de manera análoga, que a lo que muda, pero elocuentemente, dicen los mismos monumentos arquitectónicos?

---

[1] *A Study of Maya Art*. En *Memoires, Peabody Museum of American Archaeology and Ethnology*. Cambridge. 1913. Vol. 6.
[2] *Mexican Archaeology*. An Introduction to the Archaeology of the Mexican and Maya civilization of pre-Spanish America. New York and London, 1914.
[3] Pág. 230.
[4] Nos referimos a las columnas de Tula, esculpidas en forma de serpiente, las que son análogas á las existentes en el Chichanchob o Templo de los Tigres en Chichen-Itzá.

Expliquémonos. ¿Cuál debe ser, lógicamente, el plano de referencia para discutir sobre las manifestaciones de la cultura tolteca o teotihuacana, principalmente de la arquitectura y las artes menores e industriales? ¿la famosa Tula, sobre la que giran todas las cronologías prehispánicas y los comentarios de los cronistas, o bien Teotihuacán, ciudad mucho menos citada que Tula, y esto ocasional y secundariamente? En esto radica el *quid* de la cuestión. Conocemos la región de Tula en el Estado de Hidalgo, por haberla explorado, aun cuando no detenidamente, lo que pensamos hacer en lo futuro. Sin embargo, por la naturaleza del terreno y su topografía, podemos deducir que allí no existió una gran ciudad, como debió ser la famosa Tula de los cronistas, ya que por la cantidad y por la calidad de los vestigios arquitectónicos, industriales, etc., que presenta, puede conceptuársele como una ciudad prehispánica de poca significación. En cambio, a Teotihuacán se le concede escasa importancia en anales y crónicas, y nunca se le describe, no obstante que los vestigios de esta ciudad prehispánica constituyen el conjunto más extenso, importante e intenso de vestigios, tanto arquitectónicos como escultóricos, industriales, etc., del tipo tolteca o teotihuacano.[1]

Es, pues, indudable que respecto a Tula y Teotihuacán hay un grave error, ya sea de denominación, ya de concepto, que debe enmendarse, por lo que procuraremos contribuir a este respecto con nuestra modesta opinión. Por los anales y tradiciones que nos legaron las familias de filiación azteca que inmigraron al valle de México, parece que éstas encontraron la antigua Teotihuacán[2] en estado ruinoso y de absoluto abandono y probablemente cubiertos ya con vegetación algunos de sus edificios; por eso es que no sólo no describen dicha ciudad, sino que son contadas las alusiones que de ella hacen, las cuales creemos debidas a una vaga tradición. Remontándonos más, encontramos que aun en las tradiciones que se suponen contemporáneas al período en que floreció Tula, tampoco se hallan amplias descripciones y relatos referentes a una ciudad incomparablemente superior a Tula en cualquier aspecto, como debió haberlo sido la grandiosa ciudad de las pirámides. De haber sido contemporáneas ambas ciudades, Teotihuacán hubiera opacado a Tula indudablemente. ¿Cómo resolver este problema?

Hasta aquí hemos discutido con argumentos que consideramos lógicos. En cambio, confesamos que la siguiente conclusión es una hipótesis aventurada y sujeta a rectificaciones posteriores, si bien con fundamento en lo anteriormente expuesto: creemos que Teotihuacán es la primitiva, la grandiosa Tula que debe haber florecido cinco o más centurias antes de la era cristiana; esta metrópoli decayó quizá al principiar la era cristiana o poco después. Sus habitantes, movidos por causas que ignora-

---

1 Esto nos ha movido desde hace tiempo a denominar a tan interesante civilización, *teotihuacana*, en vez de *tolteca*.

2 Debemos advertir que, al hacerse esta obra, se prescindió del término *nahua*, pues creemos que estando satisfactoriamente delimitadas las civilizaciones que florecieron en el valle de México, merced a investigaciones de índole arqueológica, y habiéndoseles denominado *arcaica* o *sub-pedregalense*, *teotihuacana* o *tolteca* y *azteca*, era inútil seguir usando aquel ambiguo y poco significativo término.

mos, se expatriaron y ambularon por diversas regiones conservando los rasgos característicos de su civilización, hasta que, después de varios siglos, se establecieron en un lugar del actual Estado de Hidalgo, al que, en recuerdo de su antigua metrópoli, pusieron el nombre de Tula, la ciudad que citan los cronistas, los anales y las tradiciones. Sólo así se explica la contradicción y el desconcierto en que se recae al analizar los datos relativos a Tula y Teotihuacán. Respecto al término Teotihuacán, más parece que los inmigrantes de filiación azteca lo aplicaron a los vestigios gigantescos de la primitiva Tula, por la admiración que les produjeron su magnitud y majestad. La investigación que pretendemos hacer en Tula, Hidalgo, consiste en estudiar concienzudamente los vestigios allí existentes, para saber si, como previamente suponemos, representan etapas posteriores de la civilización iniciada y florecida con anterioridad en Teotihuacán.

Se intentó, por otra parte, en esta Dirección, determinar la cronología de la arquitectura teotihuacana por medio del conocimiento estratigráfico de la zona arqueológica de Teotihuacán. En las diez y seis excavaciones practicadas se observó que a dos diferentes profundidades había grandes acumulaciones de cerámica fragmentada, implementos rituales e industriales y, en general, toda clase de vestigios de tipo teotihuacano, depositados por un proceso natural de sedimentación, lo que indicaba que había habido dos máximos de habitabilidad correspondientes a dos épocas de florecimiento de la civilización allí establecida. Posteriormente se confirmaron en lo absoluto tales deducciones, ya que el examen de los edificios demostró que en realidad existían vestigios arquitectónicos superpuestos, correspondientes a dos épocas en que fueron construidas dos ciudades. El edificio impropiamente denominado *Los Subterráneos*, cuya exploración fué iniciada por Charnay, así como casi todos los de la zona, comprueban la existencia de aquella superposición. Esas investigaciones no permiten, por desgracia, establecer la antigüedad de los dos períodos teotihuacanos, por lo que posteriormente imaginamos un sistema de investigación que probablemente sí suministrará resultados positivos. Es indudable que la capa de tierra que se ha ido sedimentando en el valle desde el siglo XVI hasta la fecha, mide un trabajo de sedimentación de cuatro siglos. Ahora bien; para determinar el espesor de esa capa, bastará con excavar cerca de los muros de las iglesias construidas en el siglo XVI, hasta llegar al arranque o basamento que aquéllas tuvieron entonces; claro es que la distancia entre el nivel del terreno actual y el nivel que presentan esos arranques o basamentos mide el espesor de la sedimentación en cuatro siglos. Una vez conocido este espesor, se podrá calcular con relativa aproximación la antigüedad de los monumentos arqueológicos subterráneos del valle, con sólo dividir la profundidad a que éstos se encuentran, por el número de centímetros o metros que presente aquel espesor. Anticipadamente reconocemos las dificultades de orden técnico que tal investigación trae consigo; pero creemos que todavía serán mayores las de índole económica, ya que un trabajo especulativo de esta clase no presenta lucimiento objetivo, como

*a).—*Puntas de flecha, cuchillos y navajas de obsidiana encontrados en la región.

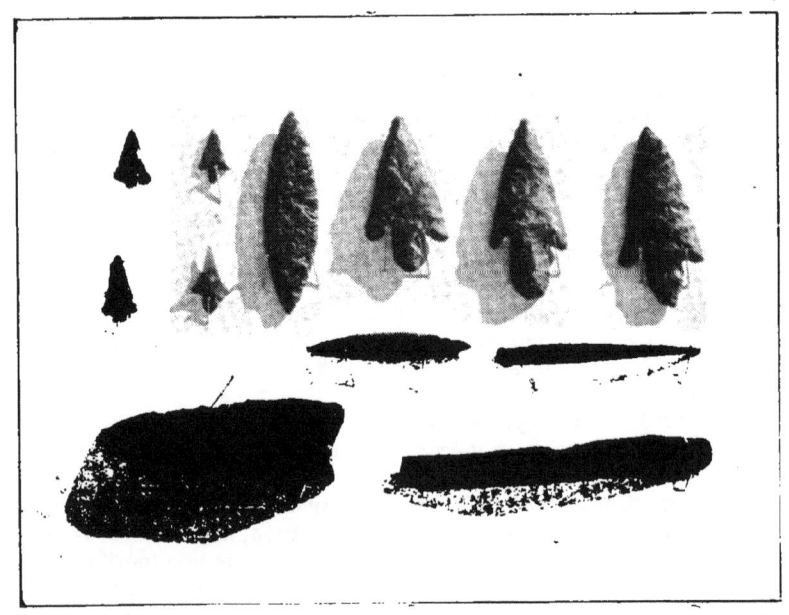

*b).—*Salto de las Peñas. Uno de los yacimientos de la obsidiana que se utilizó en la fabricación de diversos objetos.

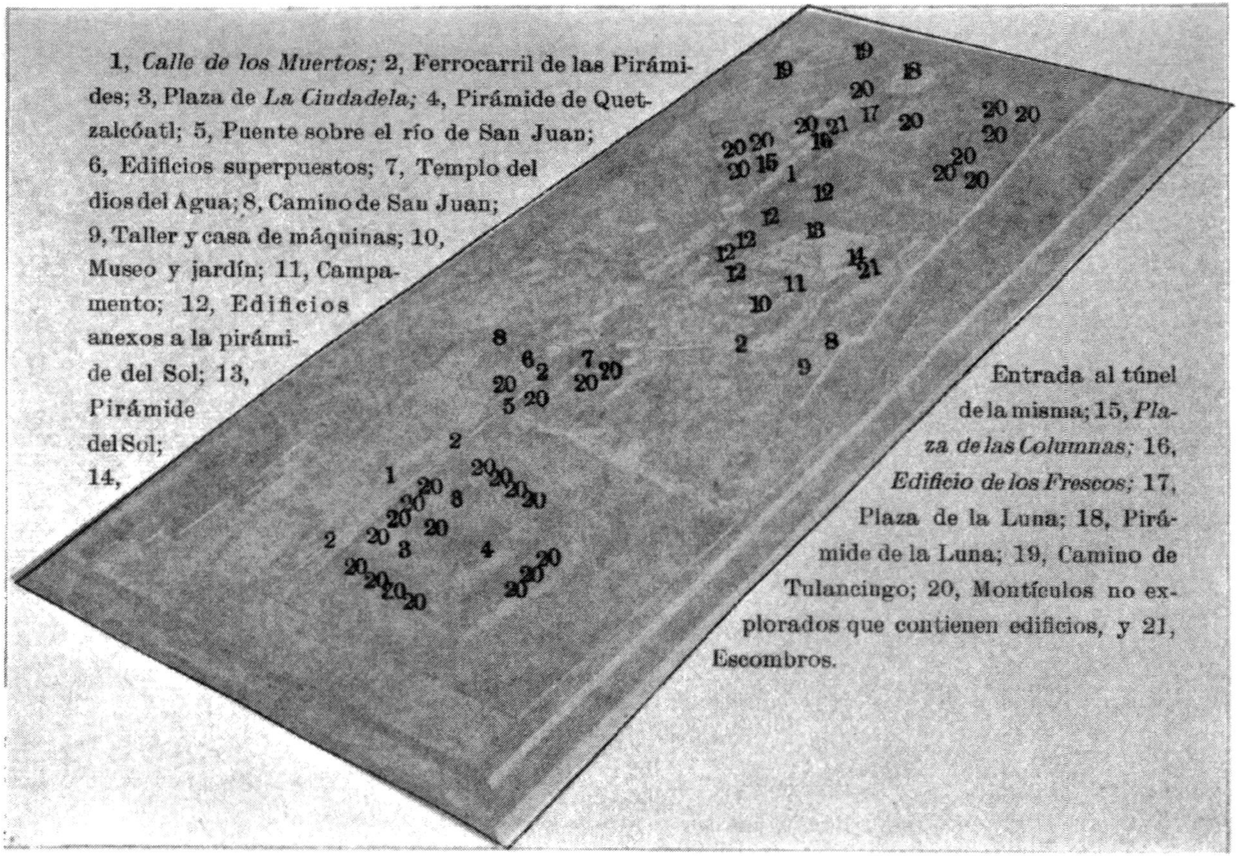

1, *Calle de los Muertos*; 2, Ferrocarril de las Pirámides; 3, Plaza de *La Ciudadela*; 4, Pirámide de Quetzalcóatl; 5, Puente sobre el río de San Juan; 6, Edificios superpuestos; 7, Templo del dios del Agua; 8, Camino de San Juan; 9, Taller y casa de máquinas; 10, Museo y jardín; 11, Campamento; 12, Edificios anexos a la pirámide del Sol; 13, Pirámide del Sol; 14, Entrada al túnel de la misma; 15, *Plaza de las Columnas*; 16, *Edificio de los Frescos*; 17, Plaza de la Luna; 18, Pirámide de la Luna; 19, Camino de Tulancingo; 20, Montículos no explorados que contienen edificios, y 21, Escombros.

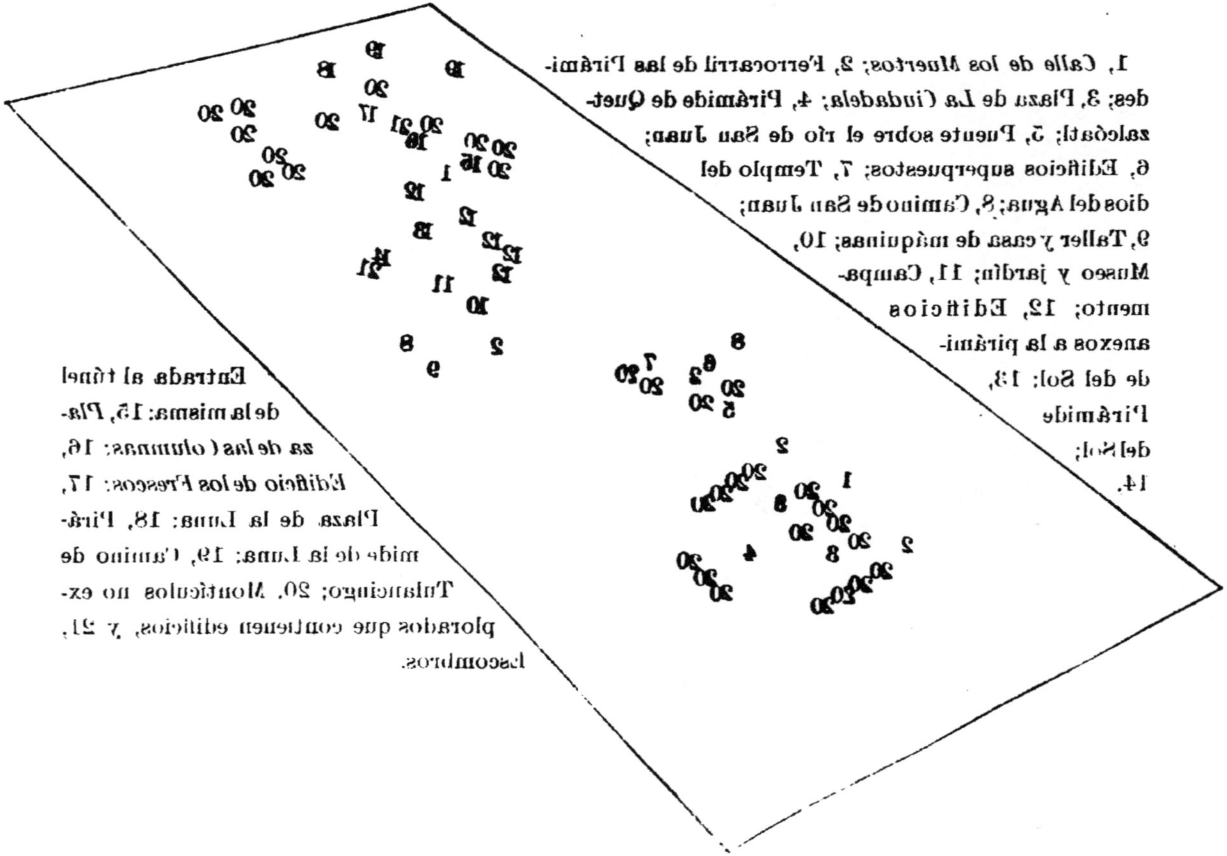

1, Calle de los Muertos; 2, Ferrocarril; 3, escoria de La Ciudadela; 4, Pirámide de las Pirámides; 5, Plaza de La Ciudadela; 6, Pirámide de Quetzalcoatl; 7, escoria sobre el río de San Juan; 8, Edificios superpuestos; 9, Templo del dios del Ayre; 8', Caminos; 10, Taller y jardín de San Juan; 6', Taller y jardín; 11, Caminos junto a Museo; 12, Edificios anexos a la pirámide; 13, Pirámide del Sol; 13', Pirámide; 14, Entrada al túnel de la misma; 15, Plataforma de las columnas; 16, Edificio de los Frescos; 17, Plaza de la Luna; 18, Pirámide de la Luna; 19, Camino no existente; 20, Montículos enterrados que se conocen, 7, 51.

Tubicaciones.

EXPLORACIÓN DEL VALLE DE TEOTIHUACÁN. LÁMINA 17.

RELIEVE DE LA ZONA ARQUEOLÓGICA DE TEOTIHUACÁN, SEGÚN EL PLANO TOPOGRÁFICO DE LA MISMA

sucede en otros que seguramente son de menos significación, y, en cambio, requiere grandes gastos. Sin embargo, insistiremos en hacer semejante investigación, que suministrará, si alcanzamos éxito, una verdadera clave para conocer, no sólo la cronología de la civilización teotihuacana, sino la de otras civilizaciones y arquitecturas prehispánicas relacionadas con aquélla.

Describamos ahora la ciudad de Teotihuacán, aunque sea sumariamente:

Esta arcaica urbe fué construída en una planicie de suave declive, irrigada, en parte, por cristalinos manantiales y abrigada de las brisas heladas del N. por el extinto volcán de Cerro Gordo, cuyas lavas fragmentadas o en forma de bombas volcánicas abundan en los alrededores haciendo posible la construcción de grandiosos edificios. El suelo, de *tepetate* compacto e impermeable, suprimió la cimentación de estructuras y su destrucción por la humedad. Otra causa que debe haber influído en la elección de ese lugar, consiste en los grandes yacimientos de obsidiana que existen hacia el N. E. del valle, los cuales suministraron materia prima para fabricar flechas, cuchillos, navajas y otras armas, amén de joyas y otros objetos (*lámina 16, a*). En esos yacimientos (*lámina 16, b*) hay una cantidad fabulosa de restos o desperdicios de la industria arqueológica de obsidiana.

Hacia el S. y S.W. se extendían entonces los lagos de Texcoco, Xaltocan y Zumpango, cuyas aguas, además de regularizar las condiciones climatéricas, ofrecían aves, peces y otros alimentos, así como plantas de uso industrial, como el *tule* y el carrizo.

La extensión de la ciudad debe haber sido muy grande, pues se han descubierto vestigios de ella en una área que mide más de seis kilómetros de largo por tres de ancho. Una extensión de doscientas hectáreas, que comprende la parte principal de la ciudad y está limitada por una cerca de alambre, forma actualmente la denominada *zona arqueológica* (*lámina 17*).

La arquitectura teotihuacana se caracteriza desde luego por la distribución de los edificios, que no están regularmente dispuestos, como acontece con las ciudades modernas, sino que se agrupan en conjuntos o sistemas de unidad propia, estando estos sistemas, a su vez, agrupados de acuerdo con grandes ejes de simetría para constituir la ciudad.

Los materiales generalmente usados son adobe, *tezontle*, toba volcánica o *tepetate* y otras rocas sedimentarias o plutónicas que existen en la región. En los pavimentos se usó cal, arcilla, polvo de *tezontle*, *tlapilli*, etc. Las estructuras interiores son generalmente de adobe o mampostería, hecha esta última con piedra y lodo. Los revestimientos de estas estructuras son, en algunos edificios principales, de grandes sillares de piedra, lisos o esculpidos y casi siempre policromados. En los edificios restantes, el revestimiento es de mampostería, pero de factura más regular que en las estructuras internas; esta mampostería está cubierta por una especie de concreto cuya superficie fué estucada, pulida y pintada de color ocre rojo generalmente. La madera se usó con profusión en columnatas y estructuras internas, según puede verse en el *Templo de Quetzalcóatl*.[1]

La pirámide truncada y el prisma cuadrangular o rectangular superpuestos a ella constituyen los cuerpos geométricos de que se han derivado principalmente las formas que afecta la arquitectura teotihuacana. Los muros estaban frecuentemente adornados con almenas. Se sabe a punto fijo que había puertas, pero se ignora por qué medios las cerraban. El sistema de *drenajes* era profuso y consistió en caños subterráneos construídos con concreto indígena y cubiertos con losas; se cree que estos *drenajes* desaguaban en la barranca que atraviesa la ciudad arqueológica. Probablemente las azoteas tenían pretiles, pues en los *Edificios Superpuestos*, vulgarmente denominados *Los Subterráneos*, se observan caños adosados a la pared, los que comunicaban, por medio de un agujero en el pretil, la azotea con el suelo; una notable persistencia de este detalle, hace que aun en la actualidad se use en la región el mismo sistema de desagües para las azoteas.

En cuatro grupos se pueden clasificar las edificios, de acuerdo con el uso a que estaban destinados: 1º—Monumentos votivos, como las pirámides del Sol, de la Luna y de Quetzalcóatl (antigua *Ciudadela*); en estos casos, los pequeños santuarios construídos en las mesetas superiores de las pirámides eran relativamente secundarios, pues las inmensas moles que los sustentaban significaban mejor que ellos la ofrenda de trabajo, dolor, sangre y lágrimas que hacía el pueblo a los dioses, subyugado por las teocracias que explotaban su fanatismo. 2º—Templos y habitaciones de los sacerdotes; eran espaciosos, compuestos de numerosos departamentos y se levantaban sobre los basamentos piramidales y los prismas a que antes aludimos; en este caso, dichos basamentos son de importancia secundaria, en tanto que la preeminencia correspondía a los departamentos que formaban el edificio; de este grupo puede citarse el edificio del dios del agua, Tláloc (*Excavaciones de 1917*), denominado así por haberse hallado en él numerosas representaciones de ese dios. En uno de los departamentos más altos de ese edificio se observan un altar y dos oquedades que quizá fueron utilizados en las ceremonias rituales; otros departamentos serían, tal vez, ocupados por los sacerdotes dedicados al culto. 3º—Palacios de las clases civiles directoras. No hemos podido identificarlos hasta hoy, pues los monumentos descubiertos durante nuestra actuación corresponden a los dos primeros grupos; sin embargo, creemos que los *Edificios Superpuestos*, o *Subterráneos*, pertenecían a un palacio, pues no tenemos noticias de imágenes o deidades halladas profusamente en ellos. 4º—Habitaciones populares. Creemos que en lo que comprende la actual zona arqueológica estaban situados edificios de los clasificados en los tres primeros grupos. Las habitaciones de la gleba deben haber sido de cortas dimensiones y de materiales pobres y deleznables, como adobe, zacate, pencas de maguey, etc., por lo que naturalmente desaparecieron hace si-

---

[1] Es oportuno citar aquí que en Chalchihuites los muros fueron armados entre dos hileras de estacas de madera, colocadas a cierta distancia. Manuel Gamio. *Los Monumentos Arqueológicos en las inmediaciones de Chalchihuites, Zacatecas*. En *Anales del Museo Nacional de Arqueología, Historia y Etnología*. México. 1913. Tomo II.

a).—Angulo S. W. de la Pirámide del Sol.

b).—Plataforma S. de la Pirámide del Sol que sirve de asiento a diversas construcciones que serán derribadas al explorar este sistema.

a).—Cara S. de la Pirámide de la Luna.

b).—Montículos que cierran la plaza de la Pirámide de la Luna, vistos desde ésta.

a).—«La Calle de los Muertos», vista de N. a S. desde la cúspide de la pirámide de la Luna. En primer término, la plaza cuadrada, y a la izquierda, la pirámide del Sol.

b).—Escalinatas situadas en un vestíbulo descubierto en las excavaciones de 1917.

glos; hasta la fecha no conocemos una de estas habitaciones bien conservada, pues sólo se encuentran, en algunos parajes alejados de la zona, restos deformes de masas de adobe y trozos de pavimentos antiguos.

Los principales sistemas o agrupamientos de edificios que forman la ciudad son los siguientes:

Pirámide del Sol y anexos.—La pirámide tiene sesenta y cuatro metros de altura y doscientos quince por lado, aproximadamente, o sea una base de cuarenta y seis mil doscientos veinticinco metros cuadrados; sus dimensiones fueron mayores en otros tiempos; pero al descubrirla y reconstruirla en 1905, fueron retiradas capas o cubiertas exteriores que medían algunos metros de espesor (*lámina 18, a*).

En la cara que mira al W. están situadas las escaleras, que en éste, como en casi todos los grandes monumentos de la ciudad, miran al W. En el costado E. aparece la entrada de un túnel que se abrió con el fin de investigar la composición de la estructura interna, que es de adobe. Rodean este monumento tres grandes plataformas que estuvieron coronadas por edificios. Hacia el costado W. de la plaza que forman la pirámide y las plataformas se extiende la llamada *Calle de los Muertos*. Las citadas plataformas están cubiertas con vegetación, exceptuándose la plataforma S. (*lámina 18, b*), que en buena parte se utilizó para construir una habitación para los empleados, bodegas y caballerizas, construcciones que serán derribadas al explorarse este sistema.

Pirámide de la Luna y anexos.—La pirámide mide cuarenta y dos metros de altura y diez y ocho mil metros cuadrados de base. En este caso las escaleras miran excepcionalmente hacia el S. (*lámina 19, a*) y están construídas en una estructura saliente, que no presenta la pirámide del Sol. La estructura interna es de adobe. Los edificios que rodean a la pirámide (*lámina 19, b*) constituyen un sistema más complicado que el de la pirámide del Sol; la pirámide ha sido explorada en mínima parte, pues sólo se descubrieron algunos fragmentos de la estructura externa y se reconstruyeron algunas aristas y parte de una de sus caras, sin previo plan científico, desgraciadamente.[1]

Calle de los Muertos.—Frente al costado S. de la pirámide comienza la llamada *Calle de los Muertos*, que es la vía y eje central de la ciudad y que presenta a ambos lados varios montículos que son otros tantos edificios (*lámina 20, a*). De acuerdo con la tradición, en estos edificios existen sepulcros, por lo que la avenida se conoce con el nombre de *Calle* o *Vía de los Muertos*.

Templo de Tláloc, dios de la lluvia.—Consta de una serie de departamentos superpuestos a otros de la primera época (*lámina 20, b*), siendo de notarse, principalmente, el cuarto más alto, que presenta un altar y dos oquedades que probablemente fueron de uso ritual; también existen allí los alveolos donde encajaban dos pilastras de madera. Entre los escombros extraídos de ese compartimento, se hallaron numerosas placas de barro con la representación, en relieve, de Tláloc.

---

[1] En 1911, por el entonces Inspector de Monumentos Arqueológicos, señor arquitecto Francisco Rodríguez.

"Edificios Superpuestos."—Erróneamente denominados por el vulgo *Subterráneos*. En ellos pueden analizarse, mejor que en otros edificios, los vestigios arquitectónicos que caracterizan a las dos grandes épocas de la arquitectura teotihuacana (*lámina 21*). Es digno de atención un fresco mural que allí aparece y que consiste en una greca policroma que no es de estilo teotihuacano, sino que corresponde a la cultura totonaca.

Templo de Quetzalcóatl.—Vulgarmente denominado *Ciudadela*. Este sistema es indudablemente el más interesante de los descubiertos hasta hoy en la ciudad arqueológica. Consiste en una espaciosa plaza cuadrangular formada por plataformas, que mide cuatrocientos metros por lado y se eleva varios metros sobre el nivel del suelo (*lámina 22*). Estas elevaciones están limitadas exteriormente por taludes y pasillos, en tanto que las caras que miran a la plaza están formadas con dos series de taludes y tableros superpuestos. En la cara exterior que ve al W. hay una escalera que permite el ingreso del exterior a la plaza. Varias escaleras equidistantes comunican el suelo de la plaza con la plataforma que corona las elevaciones. En cada una de estas tres plataformas se elevan cuatro estructuras que presentan los típicos taludes y tableros respectivos; se exceptúa la plataforma E., en la que sólo hay tres estructuras. En la intersección de las diagonales de esta plaza se elevan dos grandes estructuras que anteriormente aparecían con el aspecto de una gran colina o cerro natural, pues estaban cubiertas de vegetación (*lámina 23, a*). Hecha la exploración, se encontraron las citadas dos estructuras. La primera consiste en una pirámide truncada de cuatro cuerpos de veintidós metros de altura y de veinticinco mil metros cuadrados de base; cada uno de ellos consta de un talud en el que está esculpida una serpiente emplumada, representación de Quetzalcóatl, a la que rodean caracoles marinos (*lámina 23, b*). En este talud se eleva un tablero rectangular, en el que aparecen incrustadas, por medio de largas espigas, grandes cabezas de serpiente que emergen de golas en formas de flor, y son remates de cuerpos emplumados rodeados de caracoles marinos y terminados con crótalos o cascabeles. Hacia la mitad de cada uno de los cuerpos de esas serpientes (*lámina 24*) están adosadas grandes cabezas que parecen ostentar los atributos del dios Tláloc. En las alfardas de la escalera que comunica la meseta superior de esta pirámide con el suelo de la plaza, están incrustadas, de trecho en trecho, cabezas de serpiente análogas a las que lucen los tableros; solamente que carecen de cuerpos emplumados. En la meseta superior fueron encontrados seis sepulcros y seis profundos pozos ademados, dentro de los que había grandes pilares de madera; probablemente sirvieron como armaduras para facilitar la creación de la pirámide. Este monumento, cuyo revestimiento es de grandes sillares de piedra esculpida en las formas citadas y profusamente policromados, corresponde a la primera época, o época de florecimiento de la arquitectura teotihuacana.

Durante la segunda época, o época de decadencia, se adosó en la cara W. de aquel monumento, probablemente con el fin de agrandarlo, una se-

a).—Uno de los desagües que se conservan en la estructura inferior de "Los Subterráneos."

b).—Vestigios de la estructura superior de "Los Subterráneos," vistos de W. a E.

Introducción. Lámina 22.

a).—Aspecto del montículo central de «La Ciudadela,» antes de las exploraciones.

b).—Cuerpos que forman el Templo de Quetzalcóatl, en cuyos taludes están esculpidas imágenes de este dios y de Tláloc.

a).—Detalle de los cuerpos que forman el Templo de Quetzalcóatl.

b).—Meseta superior del Templo de Quetzalcóatl con grandes pilares de madera encontrados en profundos pozos.

a).—Pirámide central de «La Ciudadela,» correspondiente a la segunda época, ya reconstruída.

b).—Apoyos y vigas de madera probablemente usados como armaduras para la erección de la pirámide central de «La Ciudadela.»

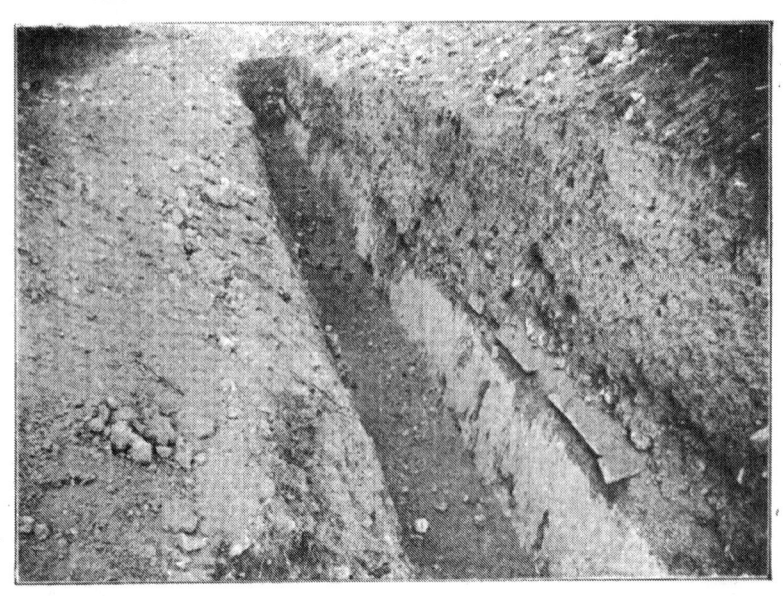

a).—Núcleo de adobe con revestimiento de piedras fragmentadas y cubiertas de concreto indígena, en «La Ciudadela.»—Parte superior: núcleo de adobe. Parte inferior: concreto indígena.

b).—Conglomerado de barro y piedras fragmentadas, revestido con concreto indígena, en «La Ciudadela.» (Verse lámina 27, b)

a).—Conglomerado de barro y piedras fragmentadas, revestido con grandes
sillares de piedra, en el Templo de Quetzalcóatl.

b).—Reconstrucción que consistió en reponer en sus lugares las piedras caídas
de aristas y cornisamientos o almohadillados, en «La Ciudadela.»
(Véase lámina 26, b.)

gunda pirámide, cuya forma sigue, en líneas generales, el estilo de la anterior, pues constan sus cuatro cuerpos de taludes a los que sobremontan tableros y almohadillados (*lámina 25, a*). El revestimiento, en cambio, es inferior en cuanto a estructura y decoración, pues no está hecho con sillares de piedra esculpida, sino con mampostería de piedra fragmentada y lodo y cubierto después con estuco pulido y pintado de rojo. En esta segunda pirámide se hallan también apoyos y vigas de madera análogas a las que antes se mencionaron (*lámina 25, b*).

Métodos de exploración y reparación del Templo de Quetzalcóatl.—La exploración consistió en retirar cuidadosamente la vegetación: grana, nopales, árboles del Perú o *piríes*, etc., así como los escombros que ocultaban las estructuras primitivas, las cuales son de tres clases: 1ª—Las que están constituídas por un núcleo de adobe con revestimiento de piedras fragmentadas, unidas con barro y cubiertas de concreto indígena estucado, pulido y pintado (*lámina 26, a*). A este tipo estructural corresponde el atrincheramiento ya aludido. 2ª—Estructuras cuyo núcleo es un conglomerado de barro y piedra fragmentada, siendo el revestimiento igual al arriba descrito. En el montículo central y hacia la parte W. de él, se descubrió una estructura piramidal de este tipo (*lámina 26, b*). 3ª—Estructuras en cuyo núcleo aparece este último conglomerado; pero que están revestidas con grandes sillares de piedra (*lámina 27, a*) esculpidos en bajo relieve, en medio relieve y en relieve entero y, además, estucados y pintados policromamente; fragmentos de obsidiana incrustados representan los ojos de las figuras mitológicas allí esculpidas.

En varias partes de las estructuras de las dos primeras clases, aparece en buen estado de conservación el concreto antes mencionado, en tanto que en otras está destruído, quedando en pie, sin embargo, el revestimiento de piedra fragmentada (*lámina 26, b*); las cornisas o almohadillados superiores de las estructuras, así como sus aristas, habían sido generalmente deslavadas por las aguas, derribándose la piedra fragmentada, la que, posteriormente, fué también cubierta por depósitos que acarreaban los vientos y por la vegetación local. Una vez descubiertas las estructuras, surgió el difícil problema de su conservación; si se les dejaba en el estado arriba descrito, las aguas y los vientos las deslavarían rápidamente y la vegetación germinaría en el barro que hacía de mortero para unir las piedras fragmentadas, desintegrando éstas; por otra parte, desde el punto de vista estético, no sería posible apreciar el bello conjunto de líneas rectas y masas prismáticas y piramidales del monumento, pues la irregularidad de las semi-destruídas estructuras descubiertas lo vedaba. En vista de esto, se adoptó un plan de reconstrucción basado en los métodos científicos que preconiza la arqueología moderna. Esta reconstrucción consistió (*lámina 27, b*) en volver a colocar en su lugar y unir con mortero las piedras fragmentadas, caídas, de aristas y cornisamientos o almohadillados superiores y en *rejonear* y revocar con cemento las hendeduras que había entre las piedras de los revestimientos que se conservan en pie, a fin de impedir que fueran desintegrados por la acción de las aguas y de la vegetación. Aquellas partes que aparecían cubiertas con concreto no fueron tocadas. Como existen numerosas partes íntegras de tableros, taludes, pasillos, etc., la restauración fué absolutamente fiel, ya que consistió en prolongar esos elementos arquitectónicos en las partes en que estaban parcialmente destruídos (*lámina 28, a*).

La ciudad arqueológica de Teotihuacán consta, según ya dijimos, de varios sistemas, que no se van a restaurar en su totalidad, sino a descubrir, pues la restauración del Templo de Quetzalcóatl puede ser suficiente como representación típica de tales sistemas arquitectónicos.

"Casa de Barrios" o "Casa del Alfarero."—Estos vestigios pertenecen a un pequeño edificio, denominado así por haber pertenecido al alfarero Barrios, quien lo vendió al Gobierno Federal. Aun cuando su importancia arquitectónica es secundaria si se la compara con los edificios antes enumerados, en cambio, existe en él un fresco, pintado en el frontal de un altar, que representa a dos sacerdotes rindiendo culto al sol.

Las Grutas.—Estas cavernas, de formación natural, fueron ampliadas por los antiguos habitantes de la ciudad arqueológica, que extrajeron de ellas material de construcción para la ciudad. Cuando concurren grandes excursiones, los viajeros suelen comer en este pintoresco lugar (*lámina 28, b*).

Arquitectura colonial.—A cambio de haber nulificado física, intelectual y económicamente a la población indígena, los invasores hispanos dejaron, como única huella de florecimiento cultural en la región, bellos ejemplares de arquitectura.

Varios de los pueblos prehispánicos que tocaron en su itinerario los primeros conquistadores estaban en el valle, estableciéndose desde luego en ellos algunos de los primitivos colonos, así como frailes de distintas órdenes religiosas, lo que explica que desde los primeros años que siguieron a la conquista de Tenoxtitlán, se iniciara la construcción de edificios, algunos de los cuales se encuentran hoy en perfecto estado de conservación.

Hasta el último tercio del siglo XVI, la arquitectura regional se redujo a la reproducción más o menos fiel de estilos que entonces estaban en boga en España, siendo ejemplo notable de ello el convento y la iglesia de Acolman, que son los más interesantes de los muy contados edificios de arte plateresco que existen en la República (*lámina 29, a*). Después, el ambiente geográfico, el medio social y los antecedentes históricos de los conquistados influyeron de tal manera en los estilos importados, que a la postre surgió un estilo original claramente diferenciado de aquéllos y fué el que más tarde constituyó el hermoso *estilo colonial mexicano*.

Dueños y señores de pueblos, haciendas y conciencias fueron en el valle, desde el siglo XVI, las órdenes religiosas y, en menos proporción, el clero secular. Los conquistadores prefirieron, por entonces, explotar las vetas de oro y plata de ricas minas. Los indios no podían ya elevar sus arquitecturas fantásticas, porque los prejuicios religiosos y políticos las condenaban como abrigos de Satanás o nidos de rebelión. Era lógico, por tanto, que si sólo frailes y curas privaban en la región, conventos e iglesias fueran los frutos exclusivos de sus actividades. Y como dos órdenes

a).—Partes íntegras de tableros y taludes que sirvieron para hacer reconstrucciones absolutamente fieles, en "La Ciudadela."

b).—Cavernas de formación natural llamadas "Las Grutas."

a).—Vista de conjunto de la iglesia de San Agustín Acolman.

b).—Retablo dedicado a la Dolorosa, en la iglesia de San Agustín Acolman.

c).—Retablo dedicado a Jesús Crucificado, en la iglesia de San Agustín Acolman.

Introducción. Lámina 30.

LA POBLACIÓN DEL VALLE DE TEOTIHUACÁN

FRESCO MURAL DE LA IGLESIA DE SAN AGUSTÍN ACOLMAN.

CÓDICE DE SAN JUAN TEOTIHUACÁN.

dominaban, *agustinos* y *franciscanos*, natural fué también que las tendencias características en ambas cristalizaran en arquitecturas relativamente diferentes. Los primeros, amantes del *comfort*, el lujo y las bellas artes, edificaron iglesias y conventos espaciosos, esculpieron en cantería fachadas suntuosas, elevaron bóvedas atrevidas, tallaron y doraron a porfía altares (*lámina 29, b*) y barandillas y pintaron al fresco los muros de sus claustros (*lámina 30*). Ejemplar verdaderamente típico de esa arquitectura de importancia cortesana es la ya citada iglesia de Acolman.

En cambio, la población indígena del valle, que constituía abrumadora mayoría, habitaba en miserables y sucios jacales de adobe, en cuevas adaptadas y en abrigos de zacate y pencas de maguey, cuyo contraste con opulentas iglesias y fastuosos conventos era desolador. El descontento, por tanto, era grande, pues no se trataba de indígenas salvajes habituados a la existencia en la selva o la caverna que pudieran considerar como un progreso el vivir en aquellos deficientes refugios, sino de gentes cuyo abolengo arquitectónico era grandioso, según ya quedó indicado, pero que, por el estado de servidumbre y miseria a que se veían sujetas, no podían fabricarse otras mejores. Por otra parte, ¿cómo hacer esto si las órdenes religiosas exigían que la labor personal de los habitantes se dedicara a la construcción de iglesias y conventos, amén del pago de diezmos y tributos y mil otras gabelas que hacían pesar sobre ellos? Bellas arquitecturas hermosean la región; pero en todas o casi todas parece que claman como ecos misteriosos y dolientes los gemidos y maldiciones de los parias que durante trescientos años amasaron los morteros de esas fábricas lujosas con lágrimas y sudor y enrojecieron con la púrpura de su sangre irredenta las duras aristas de capiteles y cornisas peregrinamente labrados. No hemos intentado estampar un alarde lírico y ruidoso en las líneas anteriores, pues ya dimos pruebas irrecusables que explican nuestra indignación al referirnos al problema religioso. Los monarcas españoles ordenaron, en repetidas ocasiones, que las órdenes religiosas no persistieran en construir templos lujosos y trataran a los indios moderadamente. Todo, sin embargo, fué inútil, pues continuaron edificándose iglesias y conventos en tal número, que aun en la actualidad, que varios de esos edificios han desaparecido, se cuentan cerca de veinte iglesias para una población de 8,330 habitantes. En la lámina 31 aparece reproducido el *Códice de San Juan Teotihuacán* a que ya se hizo referencia en la página XLVI y en el que están expuestos gráficamente los sufrimientos impuestos a los indígenas en la construcción de iglesias y conventos regionales.

Contrastando con el despilfarro, la crueldad y la actitud continuamente explotadora de los agustinos, los franciscanos se limitaron, de acuerdo con las sobrias reglas del misántropo de Asís, a construir iglesias modestas, en cuya techumbre no se alzaban bóvedas pomposas, sino humildes vigas; en las fachadas no derrocharon enormes sillares de cantería, ni la decoración era exageradamente profusa, consistiendo con frecuencia en un sencillo mortero que formaba ingenuas y sugestivas decoraciones (*lámina 32, a*). Los altares no eran suntuosos retablos de cedro revestidos de oro, sino humildes tallas adecuadas a la importancia secundaria de las iglesias y de los pueblos en que estaban construídas. Sin embargo de su humildad, estos edificios presentan espontaneidad de ejecución, belleza y carácter.

Aparte de la arquitectura religiosa, nada o casi nada se produjo en la región, pues no puede tomarse en cuenta, para generalizar, un reducido número de haciendas de construcción colonial que existen en algunos poblados y que son de gusto arquitectónico muy deficiente.

Arquitectura contemporánea.—El siglo XIX fué de absoluta decadencia para el arte arquitectónico. La Independencia nada trajo consigo en bien de la población regional y sí produjo el estancamiento de la arquitectura religiosa. En efecto, las nuevas ideas liberales, importadas principalmente de Francia, contribuyeron a debilitar el poder de las órdenes religiosas que habían florecido en la Nueva España, reflejándose esto en el valle de tal manera, que en la primera mitad de dicha centuria no se construyó iglesia alguna digna de mención. Las Leyes de Reforma aniquilaron definitivamente el poderío de esas órdenes, lo que produjo, como consecuencia inmediata, la desocupación de los conventos, los cuales, a causa del abandono, se han venido destruyendo paulatinamente.

Una de las tareas de la Dirección de Antropología ha consistido en estudiar detenidamente, desde el punto de vista decorativo y constructivo, las iglesias y conventos de la región, que aparecen descritas y reproducidas gráficamente en la parte de esta obra relativa a la población colonial. La misma Dirección inició la conservación del templo y convento de Acolman y llamó la atención pública hacia los tesoros artísticos que allí existen.

Después de la promulgación de las citadas leyes, se inició en el valle la formación de las grandes haciendas, pues como, de acuerdo con ellas, las tierras de los pueblos fueron repartidas entre los habitantes, éstos no pusieron reparo en cederlas a las haciendas a cualquier precio, lo que no acontecía cuando, para vender esas tierras, tenían que ponerse de acuerdo todos los vecinos del pueblo. Pues bien, el auge de las extensas propiedades rurales vino aparejado al mejoramiento de los edificios de las haciendas, pudiéndose citar algunas que están fabricadas según las más modernas ideas en cuanto a construcción, distribución y aspecto. Es ejemplo, tipo de tales edificios, la hacienda de Santa Catarina (*lámina 32, b*).

Si se tiene en cuenta el floreciente desarrollo que alcanzó la arquitectura regional, tanto prehispánica como colonial, asombra que las habitaciones de los actuales habitantes sean incomparablemente inferiores a las usadas por sus antecesores en el pasado. No menos de trescientas personas viven, como el hombre de *Neanderthal*, en cavernas que defectuosamente han adaptado para habitación, siendo, por tanto, superfluo referirse a las desfavorables condiciones de vida de esos refugios primitivos (*lámina 33, a*). En seguida están las chozas construídas con varas y pencas de maguey, o zacate; tampoco nos detendremos en comentar sus condiciones insalubres, por tratarse de habitaciones humanas que ni aun para chiquero de animales serían satisfactorias (*lámina 33, b*).

a).—Exterior de la iglesia de San Francisco Mazapan.

b).—Exterior del edificio principal de la hacienda de Santa Catarina.

LA POBLACIÓN DEL VALLE DE TEOTIHUACÁN *Introducción. Lámina 33.*

a).—Cueva adaptada para habitación.

b).—Tipo de choza en el valle de Teotihuacán.

LA POBLACIÓN DEL VALLE DE TEOTIHUACÁN *Introducción. Lámina 34.*

*a).—*Tipo de jacal muy usado en la región.

*b).—*Interior de uno de los jacales del Valle de Teotihuacán.

LA POBLACIÓN DEL VALLE DE TEOTIHUACÁN

Introducción. Lámina 35.

a).— Nuevo altar del Sagrado Corazón, de la iglesia de San Juan Teotihuacán.

b).— Torre de la iglesia de San Martín de las Pirámides, con el tercer cuerpo construído recientemente.

Como siguiente etapa evolutiva, en lo relativo a habitación actual de los moradores del valle, pueden citarse los típicos jacales en que vive la mayoría de la población (*lámina 34, a*). Estos jacales, con ligeras innovaciones, son los mismos que usaron los antecesores de la actual población en tiempos prehispánicos y coloniales. Generalmente constan de un cuarto y en algunas ocasiones tienen dos o más; lindando con el jacal, o formando parte del mismo, hay chiqueros o cuadras para los animales. Están construídos con adobe o piedra, pues ésta abunda en la región; los techos son planos o inclinados, quedan sostenidos por vigas o *morillos* y son de tierra o *tepetate* molido cubierto con ladrillo o con una capa de mezcla o mortero aplanado. Casi siempre tienen una sola puerta y rara vez ventanas. Varios inconvenientes presentan estas habitaciones; desde luego, la capacidad del aire respirable es insuficiente, dado el número de personas y, en ocasiones, el de animales que duermen en ellas. En caso de enfermedades infecciosas, el contagio es inminente, por ser imposible el aislamiento de los pacientes. El suelo es de tierra apisonada, lo que facilita el desarrollo de gérmenes patógenos, por ser muy difícil su limpieza. Las rendijas que existen entre los muros y el techo, cuando éste es de alero y está hecho de paja o teja, hacen que las corrientes de aire alteren de súbito la temperatura de la habitación, principalmente en los meses invernales, lo que trae consigo frecuentes enfermedades de las vías respiratorias.

La disposición de las habitaciones en los pueblos es, en cambio, muy favorable para la higiene colectiva, pues las casas no lindan unas con otras formando calles, sino que están construídas en el centro de un solar en el que generalmente se cultivan plantas y árboles de la región, como nopales, palmas y *órganos*, formándose con estos últimos las cercas que limitan los solares (*lámina 9, b*). Desde el punto de vista moral, es de sugerirse que aumenten las dimensiones de los cuartos y el número de ellos a fin de evitar la promiscuidad en que viven hombres, mujeres y niños y hasta animales. En cuanto a aspecto estético, puede asegurarse que, si bien los jacales complementan bellos y típicos paisajes regionales, considerados en sí mismos son vulgares y carentes de toda belleza; naturalmente que, por excepción, se encuentran muy pintorescos ejemplares. El mueblaje de los jacales ha sido aludido en páginas anteriores; esencialmente es el mismo o casi el mismo que se usaba antes de la Conquista; estera o petate y, en casos, un banco como lecho; raras veces, mesa; metates para moler maíz; *tlecuil* o fogón de piedra; comal para cocer las tortillas; dos o tres santos con velas y ofrendas florales, etc. (*lámina 84, b*).

Sin embargo de tan pronunciada decadencia, se observa que la tradición arquitectónica no se ha perdido entre los habitantes de la región, pues cuando éstos encuentran alguna facilidad para el desarrollo de sus aptitudes, producen obras dignas de encomio, de las que no desdeñaría ser autor un arquitecto; ejemplos de ello son el altar del Sagrado Corazón, de la iglesia de San Juan Teotihuacán (*lámina 35, a*) y la torre de la iglesia de San Martín (*lámina 35, b*).

La corta minoría, constituida por pequeños terratenientes, comerciantes y otras personas de situación económica relativamente superior, habita en casas análogas a las de las clases modestas de la Capital; pero como en esos pueblos no existen las condiciones favorables que hay en México, por ejemplo, *drenaje*, provisión de agua entubada, etc., dichas habitaciones son muy inferiores a las del mismo género que hay en la Capital; en villas y pueblos como San Juan Teotihuacán, Xometla y otros, se pueden observar casas típicas de esta clase (*lámina 36*, a). Respecto a muebleje, se nota también la semejanza señalada; sólo que los muebles de las casas regionales adolecen de anacronismo si se les compara con los de la Capital.

Pintura y escultura.—Si la arquitectura regional contemporánea presenta, según ya dijimos, aspecto tan desastroso, que en realidad no merece el nombre de tal, claro es que, en cuanto a pintura y escultura, las escasas manifestaciones artísticas que existen son igualmente deficientes. En verdad no conocemos nada que sea digno de mención a tal respecto.

Durante la época colonial sí florecieron esas bellas artes; mas, por desgracia, la producción sólo era inspirada por la minoría social de carácter religioso a que hemos aludido y exclusivamente dedicada a ella; la fachada esculpida (*lámina 37*) y los hermosos frescos murales de la iglesia de San Agustín Acolman, así como los óleos y esculturas de santos, de esa y otras iglesias, lo proclaman así. Para el deleite de la gleba no hubo obra pictórica autóctona, pues no se le permitió elaborarla, forzándose, en cambio, su criterio estético para que aceptara de golpe la pintura importada. Si acaso en algo prevaleció la influencia de la técnica y el carácter de los viejos tiempos, fué cuando, en decoraciones de iglesias secundarias, la mano de obra indígena no podía menos de sentirse impulsada por la tradición, lo que automáticamente imprimió en aquéllas cierto carácter mixto hispano-indígena. Lo mismo puede decirse en cuanto a escultura, siendo ejemplo oportuno y típico de ello los leones de piedra que en varias iglesias sostienen los ciriales, leones cuyas crines fueron interpretadas con la técnica con que se esculpían las plumas antes de la Conquista (*lámina 36*, b).

La pintura y la escultura prehispánicas, sobre todo en lo relativo a decoración estilizada, eran suntuosas, características y originales. Los valores estéticos de esa decoración difieren de los que hoy privan, en que no sólo tendía aquélla a encarnar la belleza por la belleza, sino también era simbólica. Esa decoración agradaba a los teotihuacanos por ser hermosa a la vista, motivo único por el que también nos agrada a nosotros hoy en día; pero, además, sintetizaba para ellos los más hondos y emotivos problemas de la existencia. La lluvia, por ejemplo, de la que dependían las buenas cosechas, y de éstas, la vida de la población, aparecía continuamente simbolizada por la imagen de Tláloc, deidad que presidía su precipitación y que está esculpida y pintada en muros, escaleras, vasijas, estelas de barro y toda clase de objetos. En ocasiones, la estilización representa la imagen completa, mientras que en otras sólo aparecen alguno o algunos de sus elementos: dientes, ojos, volutas sub-nasales, etc. (*lámina 38*).

a).—Tipo de una habitación moderna en el valle de Teotihuacán.

b).—Leones de piedra que sirven de soportes para ciriales en la iglesia de Xometla.

RECONSTRUCCIÓN DE LA FACHADA DE LA IGLESIA DE SAN AGUSTÍN ACOLMAN.

LA POBLACIÓN DEL VALLE DE TEOTIHUACÁN   *Introducción. Lámina* 38

DIFERENTES REPRESENTACIONES, EN BARRO, DE TLÁLOC, DIOS DE LAS LLUVIAS.

a).—Fresco del "Templo de la Agricultura" que representa un buho estilizado.
(Reproducido de la copia que existe en el Museo Nacional de México.)

b).—Fresco policromo que se encuentra en "Los Subterráneos."

LA POBLACIÓN DEL VALLE DE TEOTIHUACÁN *Introducción. Lámina 40.*

*a).—*Pintura primitiva.

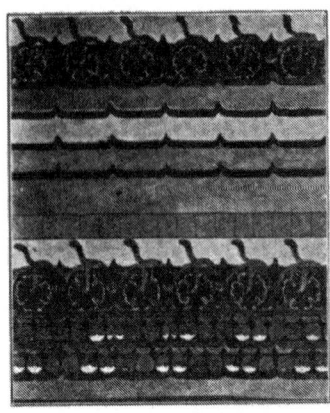

*b).—*Primera modificación.

*c).—*Segunda modificación.
RECONSTRUCCIÓN DE LAS DIFERENTES MODIFICACIONES DE LOS FRESCOS QUE EXISTEN EN EL «TEMPLO DE LA AGRICULTURA.»

a).—Cráneo estilizado en piedra.

b).—Cabeza de tigre en piedra.

c.) y *d).*—Almenas.
Objetos que se exhiben en el Museo Regional.

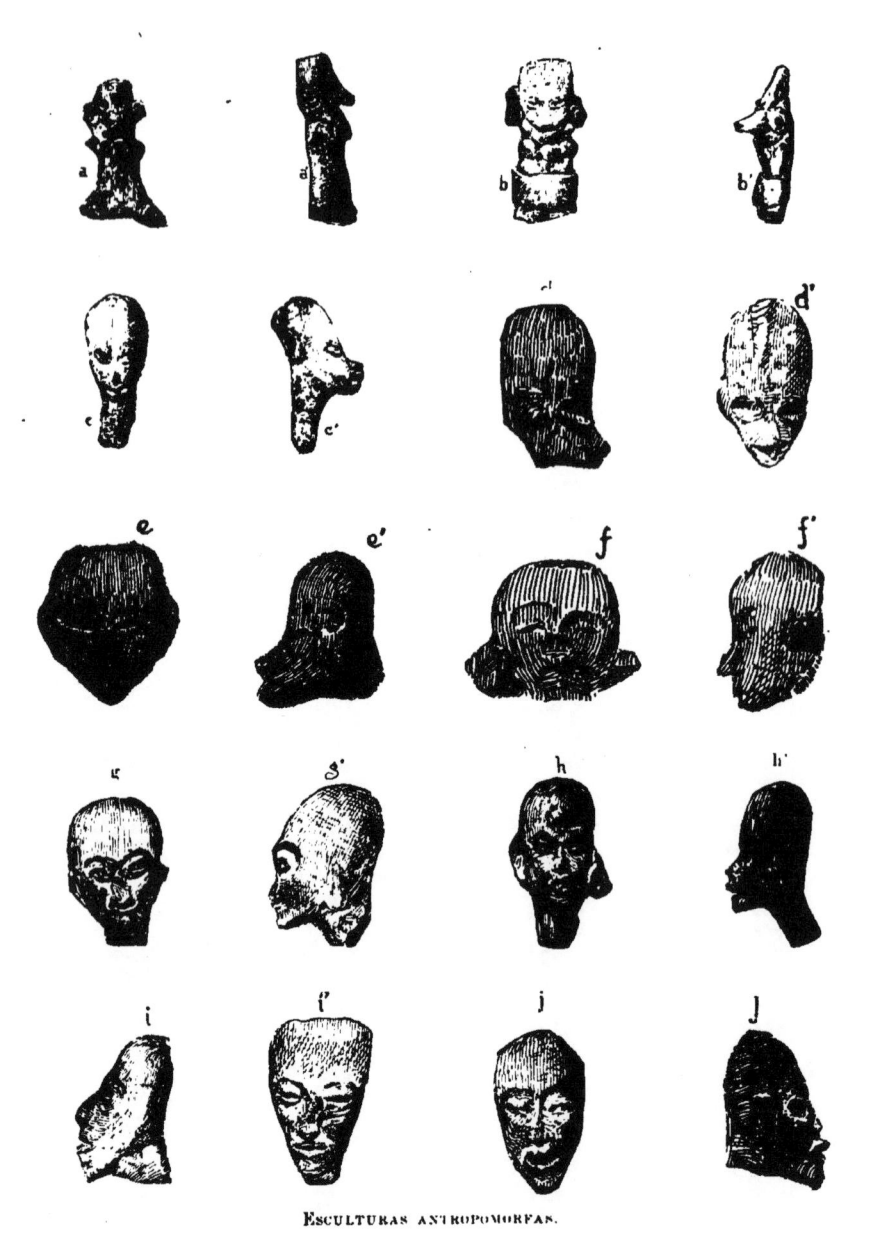

LA POBLACIÓN DEL VALLE DE TEOTIHUACÁN *Introducción. Lámina 42.*

ESCULTURAS ANTROPOMORFAS.

Transición del tipo arcaico al tipo teotihuacano.—*a, a', b, b', c, c', d y d'*).—Tipo arcaico.—
e, e', f y f').—Tipo de transición.—*g, g', h, h', i, i', j y j'*).—Tipo teotihuacano.

En ambos casos, el valor puramente decorativo de la estilización es notable y produce honda emoción estética; pero, repetimos, para sus creadores asociaba ideas trascendentales que hacían más compleja y profunda su emoción.

En cuanto a pintura, pueden citarse varios frescos murales de gran belleza, como el buho estilizado (*lámina 39, a*) y los tableros con flores, frutos y animales (*lámina 40*) del *Templo de los Frescos*, antes denominado *Templo de la Agricultura*; la hermosa greca policroma (*lámina 39, b*) que existe en *Los Subterráneos* o *Edificios Superpuestos*, y los sacerdotes que rinden culto al sol y que están en el edificio *Casa de Barrios*. Respecto a decoración escultórica, hay numerosas estilizaciones que ostentan refinado gusto y maestría en su ejecución, principalmente aquellas que complementan conjuntos arquitectónicos, como las grandes serpientes emplumadas que están esculpidas en el *Templo de Quetzalcóatl*, las almenas, los braseros, los grandes cráneos estilizados, las cabezas de tigre, etc., etc. (*lámina 41*), que se exhiben en el Museo Regional, siendo de notarse en estas esculturas una marcada tendencia al cubismo y al prismatismo, por haberse substituído, a las superficies curvas, superficies planas. El mérito industrial de la escultura teotihuacana es notable por el hecho de que no se contó con instrumentos metálicos para cortar, tallar y pulir la piedra, sino con herramientas deficientes.

En cuanto a las pequeñas esculturas que no forman parte de los conjuntos arquitectónicos, fueron producidas en gran profusión en la época prehispánica.

Desde el punto de vista del material de que están formadas, pueden dividirse en esculturas de barro y de piedra. Por su forma, se clasifican en antropomorfas o representativas de la figura humana, zoomorfas o de animales, fitomorfas o de plantas y esqueyomorfas o de objetos industriales. Cultural y tipológicamente se notan cuatro grandes grupos de los cuales los tres primeros aparecen en la lámina 42: 1º—Esculturas de civilización *arcaica* o *sub-pedregalense*, las cuales tienen el carácter de arquetipos. 2º—Esculturas de *civilización intermedia* o *arcaico-teotihuacana*, que pueden ser consideradas como tipos de transición. 3º—Esculturas de *civilización teotihuacana*, que representan los tipos normales en la evolución escultórica regional. 4º—Esculturas de *tipos culturales extraños*—maya, zapoteca, etc.—, las que, probablemente, son ejemplares de intercambio comercial.

Durante la época colonial decayó, hasta casi desaparecer, la producción de la pintura y la escultura de carácter aborigen, notándose apenas sus huellas en ciertas obras que no pudieron menos de recibir la influencia española, según ya quedó apuntado. En tiempos contemporáneos nada se ha hecho ni se hace en tal sentido.

Artes menores e industriales.—Cerámica.—La cerámica contemporánea de Teotihuacán es una manifestación degenerada de la prehispánica; pero, entre las raquíticas producciones similares del valle, constituye la industria artística más importante, pudiéndosele restituir su abolengo si se enseña a los fabricantes a industrializar la producción y a modernizarla ligeramente, de acuerdo con el criterio moderno, tarea que ha emprendido la Dirección de Antropología. En efecto, en el valle abundan barros de suprema calidad; pero los hornos y herramientas son primitivos y la imitación servil de las viejas formas resta originalidad y espontaneidad a algunas variedades de vasijas. Dos clases de éstas se fabrican: 1º—Vasijas de uso doméstico de barro rojo, con la decoración pintada en uno o dos colores y la superficie vidriada con sales de plomo (*lámina 43, a*). Morfológica y decorativamente, estas vasijas presentan satisfactorio carácter artístico por lo espontáneo de su factura. 2º—Cerámica ornamental de carácter arqueológico. Estas vasijas no constituyen propiamente falsificaciones, sino imitaciones convencionales de las antiguas, desde el punto de vista decorativo (*lámina 43, b*). Son de barro rojo sin vidriar, al que se aplica polvo de carbón, obteniéndose así el color negro que las caracteriza; el pulimento se hace, como en los tiempos antiguos, tallando la superficie con una piedra muy dura y lisa. La decoración consiste en grecas que imitan las arqueológicas, alternando con cabecitas moldeadas en originales antiguos, las cuales existen profusamente en la región.

De la cerámica colonial nada podemos decir, pues no poseemos ejemplares de ella. Probablemente era análoga a la contemporánea, que, como ya dijimos, es continuación más o menos degenerada de la arqueológica.

La cerámica arqueológica ofrece gran profusión de bellas formas y exquisitas y variadas decoraciones: decoración pintada, pulida, despulida, grabada, sellada, incrustada, *cloisoné*, etc. (*lámina 44, a*). Las tonalidades del barro son muchas: moreno, rojo, amarillo, anaranjado, ocre y negro, cuya coloración—la de este último—se obtenía con polvo de carbón. Probablemente destinadas a juguetes de niños, se reproducían miniaturas de las vasijas arriba citadas, siendo curiosa la profusión con que esos juguetes se encuentran en las excavaciones. Entre los objetos más característicos de la cerámica teotihuacana, pueden citarse los llamados *candeleros*, los cuales, según se demuestra en esta obra, estaban destinados a quemar resinas rituales, principalmente copal (*lámina 44, b*).

Objetos domésticos, industriales, etc., etc.—Sería largo estudiar detalladamente en esta síntesis los objetos de tal especie que se construyeron y usaron en el valle durante la época prehispánica; así, que nos limitaremos a enumerarlos: *malacates* para hilar, sellos para decorar cerámica y tatuar, metates, molcajetes, cucharas de barro, raspadores para maguey, agujas, punzones, collares, orejeras, aretes, bezotes o adornos labiales, narigueras o adornos nasales, pinjantes, amuletos, cascabeles, navajas, cuchillos, puntas de flecha, mazas, navajillas y discos de pizarra, etc., etc. (*lámina 45*). Estos objetos están hechos con las materias más diversas: barro, hueso, conchas, obsidiana, jade, cobre, pirita, hierro meteórico, etc., etc. Hasta la fecha se ha transmitido el uso de casi todos esos objetos, principalmente los de carácter doméstico y algunos industriales, en tanto que la producción de los demás cesó en la época colonial.

LA POBLACIÓN DEL VALLE DE TEOTIHUACÁN *Introducción. Lámina 43.*

a).—Vasijas de uso doméstico, de barro rojo, fabricadas en Teotihuacán.

b).—Cerámica moderna, con motivos arqueológicos, fabricada en Teotihuacán.

LA POBLACIÓN DEL VALLE DE TEOTIHUACÁN   *Introducción. Lámina* 44.

*a).—*Cerámica arqueológica descubierta en el valle de Teotihuacán.

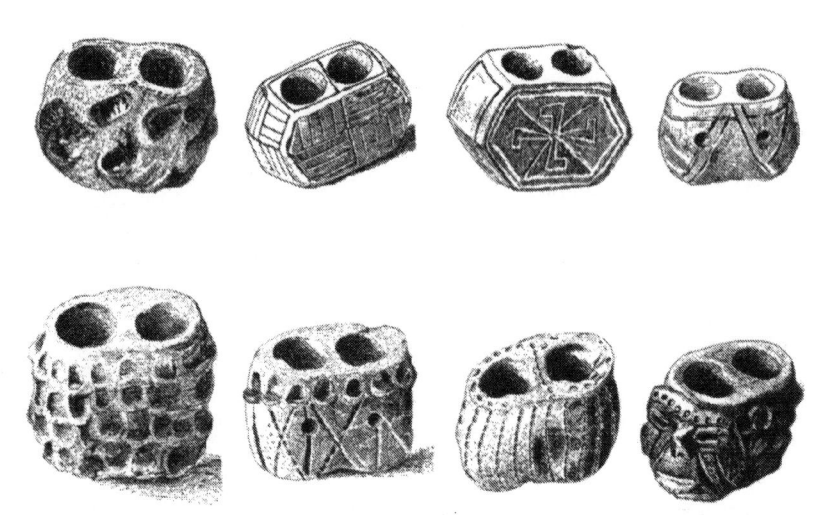

b.)—"Candeleros," que según parece estaban destinados a quemar resinas rituales, descubiertos en el valle de Teotihuacán.

Introducción. Lámina 45.

LA POBLACIÓN DEL VALLE DE TEOTIHUACÁN

VARIOS OBJETOS ARQUEOLÓGICOS, DE DIFERENTES MATERIAS, DESCUBIERTOS EN EL VALLE DE TEOTIHUACÁN.

a).—Tipo de telar usado en San Martín de las Pirámides.

b).—Tipo de horno usado en el Valle de Teotihuacán, para cocer ladrillo.

Introducción. Lámina 47.

LA POBLACIÓN DEL VALLE DE TEOTIHUACÁN

HOMBRE Y MUJER INDÍGENAS CON LAS INDUMENTARIAS TÍPICAS DEL VALLE DE TEOTIHUACÁN.

Tejidos.—Hace pocos años, los sarapes, sábanas y otros tejidos de lana que se fabricaban en la región (*lámina 46, a*), eran afamados, tanto por su buena calidad como por la sobriedad y carácter de su decoración y lo reducido del precio, que fluctuaba entre diez y quince pesos por un sarape de pura lana, que en la Capital costaría de veinticinco a cincuenta pesos. Desgraciadamente, el ganado lanar de los pequeños terratenientes ha desaparecido por diversos motivos, lo que ha paralizado la industria textil. Algunos hacendados han adquirido recientemente grandes rebaños; pero esto no influye con respecto a los tejidos regionales, pues ese ganado generalmente se compra para engorda y venta inmediata.

Ladrillería.—Se fabrican adobes, ladrillos, *tabiques*, tejas y otros productos análogos, los cuales resultan de buena calidad por la composición de los barros usados (*lámina 46, b*).

El consumo regional de esta producción es bastante reducido, y como nada de ella tiene mercado fuera del valle, la industria es poco importante.

Indumentaria.—Si algo muestra de modo objetivo y convincente el estado de decadencia de la población del valle, es la indumentaria, pues exceptuando reducidísimo número de personas relativamente acomodadas que viven en los principales pueblos, la gran mayoría ostenta la anti-estética y anti-higiénica indumentaria que también se observa en muchas otras regiones del país: camisa y calzones de manta, faja o ceñidor de algodón, sandalias o *huaraches* de cuero,[1] sombrero de petate y, en ocasiones, un sarape de lana o algodón; tal es el traje masculino regional para todas las estaciones (*lámina 47, a*).

Lo consideramos anti-estético, porque nada tiene de típico ni de original, siendo, por lo contrario, producto *stándard* que procede generalmente de fábricas que elaboran esas prendas por millares o millones.

Los sombreros y *huaraches* tampoco son regionales, ni presentan el aspecto típico y atractivo que se nota en los de otros lugares. Los sarapes fueron en otra época producto de la región; pero, en la actualidad, son generalmente substituídos por cobertores fabricados en México. El traje de las mujeres consta, por lo general, de rebozo, camisa y enagua de manta y, con menos frecuencia, enagua y camisa de percal, así como zapatos. Los tocados son casi desconocidos en la región, limitándose el elemental arreglo del cabello a su división en dos bandas lisas, terminadas en trenzas (*lámina 47, b*). Las prendas femeninas, como las masculinas, carecen de gusto y originalidad.

El clima del valle es, en ocasiones, extremoso durante el invierno; así, que la indumentaria descrita resulta ineficaz para abrigarse del frío, lo que indudablemente constituye una de las causas principales de las enfermedades, tales como las de las vías respiratorias y otras que se observan en la región.

Durante la época colonial, el vestido de los indígenas presentaba ya una pronunciada decadencia; pero aun se sabe, por datos históricos y pinturas de la época, que los indios acomodados, o los que eran auto-

---

[1] Ultimamente se ha generalizado el uso de sandalias de hule procedente de llantas usadas de automóvil.

ridades, usaban más completa y característica indumentaria que los actuales (*lámina 48, a*).

La época prehispánica fué de florecimiento para la indumentaria regional. Existen millares de estatuillas de barro y piedra en las que puede observarse la riqueza y variedad de las prendas de vestir y principalmente de los tocados, que no solamente consistían en el arreglo más o menos complicado del cabello, sino también en la aplicación de telas y bandas de pieles y cabezas de animal.

Los trajes de los sacerdotes eran muy bellos y fastuosos, como puede comprobarse con las pinturas al fresco que los representan (*lámina 48, b*): tocados de ricas y largas plumas de quetzale, telas policromas, aplicaciones de oro, etc.

Se dirá que numerosas estatuillas representan cuerpos desnudos, lo que significa, probablemente, que la gleba de entonces estaría a poca altura en cuanto a indumentaria, en comparación con las clases teocráticas. Sin embargo, en la actualidad no hay caso siquiera de establecer esta diferenciación, pues casi toda la población está constituída por la gleba, que usa la pobre indumentaria a que ya nos referimos.

Agricultura.—Erróneamente se cree que el orden de cosas establecido por la dominación colonial en México trajo consigo, entre otras cosas, la implantación de una nueva agricultura. Los productos agrícolas que hoy cultiva y consume la mayoría de la población del valle son los mismos, con algunas excepciones, que se cultivaron y consumieron antes de la Conquista.

En los remotos tiempos en que el valle estaba ocupado por agrupaciones de filiación otomí (arqueológicamente denominadas *arcaicas* o *subpedregalenses*), éstas se dedicaban ya a la agricultura y principalmente al cultivo del maíz, puesto que ha quedado demostrado que así hacían en la gran llanura que hoy cubren las lavas del pedregal de San Angel, por diversos vestigios allí encontrados: fragmentos de *olote* carbonizados, metates, etc., etc.

Durante los períodos subsecuentes de tipos teotihuacano y azteca, la agricultura floreció en el valle, cosechándose maíz, frijol, *jitomate*, tomate y otros productos vegetales alimenticios, muchos de los cuales aparecen reproducidos en relieve o pintados en los edificios y objetos arqueológicos. El pulque, cuyo proceso de elaboración es tolteca o teotihuacano, según la leyenda, debió producirse abundantemente, dadas las inmejorables condiciones de las tierras del valle para el cultivo del maguey.

Exceptuando contadas herramientas importadas por los españoles que se usan actualmente en las labores agrícolas, las demás ya eran usadas por los habitantes prehispánicos.

Los conquistadores importaron herramientas metálicas, mejoraron los sistemas de labor y cultivaron nuevos productos agrícolas, como trigo, cebada, árboles frutales, etc. Desgraciadamente, no enseñaron al indígena a comer pan y ni siquiera le hicieron económicamente posible aprender a hacer tal. El pan fué entonces, como es hoy en el valle, manjar vedado a la gleba. No deploramos esto desde el punto de vista fisiológico, pues el

LA POBLACIÓN DEL VALLE DE TEOTIHUACÁN *Introducción. Lámina 48.*

a).—Indumentaria de las autoridades de San Juan Teotihuacán en 1809.

b).—Sacerdotes representados en los frescos de la "Casa de Barrios."

LA POBLACIÓN DEL VALLE DE TEOTIHUACÁN *Introducción. Lámina 49.*

a).—Arado «del país», de madera, usado por los pequeños agricultores.

b).—Viga aparejadora de los barbechos.

c).—Hortaliza en San Juan Teotihuacán.

maíz es cereal quizá más alimenticio que el trigo; pero desde el punto de vista social, sí, porque todavía el no consumir pan connota en el valle inferioridad social.

Actualmente, la agricultura presenta dos aspectos en la región: 1º—La que está basada en métodos relativamente modernos y eficaces, aplicados en las haciendas, cuyas tierras representan las nueve décimas partes de la extensión agrícolamente aprovechable del valle. Casi todas estas haciendas poseen aguas para regar sus tierras oportunamente y elementos para cultivarlas con maquinaria y herramienta modernas, por lo que obtienen abundantes cosechas de trigo, maíz, frijol, etc. 2º—La restante décima parte de las tierras pertenece a pequeños propietarios, y como en su mayor parte están sujetas a la irregularidad de las lluvias y las herramientas empleadas en su laboreo son muy primitivas (*lámina 49, a y b*), las cosechas son pobres en estaciones normales, y nulas cuando la temporada de lluvias se atrasa o la precipitación de aquéllas es reducida. En uno de los poblados del valle, la villa de San Juan Teotihuacán, se hace con relativa intensidad el cultivo de las hortalizas (*lámina 49, c*).

En resumen, la agricultura, en lo relativo a los pequeños propietarios agrarios, es del todo deficiente, por lo que se hicieron estudios, que en otra parte de esta obra aparecen, con el objeto de mejorar los cultivos y aumentar la producción agrícola.

Comercio.—Según hemos dejado expuesto en diversas partes de esta síntesis, la principal fuente de riqueza regional está actualmente constituida por la producción agrícola; de modo que las transacciones relativas a ésta representan, casi exclusivamente, el comercio importante del valle. La mayor parte de esa producción, es decir, la obtenida por las haciendas en las nueve décimas partes del mismo, se envía a la Capital para su venta, por lo que esa transacción no trae consigo para los habitantes más ventaja que la de los salarios pagados a los trabajadores empleados en siembras y cosechas. En cambio, los productos agrícolas de la décima parte restante sí son objeto de sucesivas transacciones comerciales, por lo que no sólo se benefician los pequeños productores, sino también los comerciantes. El comercio, en otros aspectos, es de importancia secundaria, según se verá en el capítulo especial de esta obra.

El agradable clima del valle, la profusión de sus reliquias arqueológicas y artísticas y las bellezas naturales que presenta, atraen a cierto número de visitantes, que, al acrecentarse en lo futuro, contribuirán a intensificar transacciones comerciales de distinto género.

La importancia comercial de la región era incomparablemente mayor durante la época colonial. En efecto, los dueños de las grandes haciendas no eran, como hoy, siete u ocho personas residentes en México, sino órdenes religiosas representadas en el valle por numerosos frailes; estas órdenes consumían buena parte de los productos de sus tierras y comerciaban entre sí con los restantes, siendo probablemente muy contados los que se enviaban a la Capital. Además, entonces, las transacciones hechas con esos productos serían mayores en cantidad y en número, ya que la proporción de tierras comunalmente poseídas por los habitantes era de mayor extensión y, por consecuencia, más abundantes los productos. La actual villa de San Juan Teotihuacán, situada en la parte central del valle, fué obligado lugar de escala para diligencias y carros fleteros procedentes de Veracruz y poblaciones que están entre este puerto y la Capital, por lo que se comprenderá que, dado el gran movimiento de población flotante que había en la región, las transacciones comerciales deben haber sido importantes.

Puede admitirse, sin género de duda, que en la remota época de florecimiento de la ciudad arqueológica de Teotihuacán, las transacciones comerciales fueron de gran importancia, por ser en ese entonces aquella ciudad la primera metrópoli en la América Septentrional. Como prueba evidente de la extensión del comercio teotihuacano, pueden citarse numerosos objetos encontrados en las excavaciones, que proceden de lejanas regiones: conchas y caracoles del golfo de California; relieves mayas de Yucatán o Centro América; diversos objetos zapotecos, totonacos, etc., de Oaxaca, Veracruz, etc. (*lámina 50*).

El valle de Teotihuacán como región de turismo.—Podemos asegurar, sin temor de incurrir en exagerados asertos, que, entre las hermosas regiones que forman el valle de México, el sub-valle de Teotihuacán es la más interesante por la profusión, originalidad y variedad de sus condiciones físicas y aspectos pintorescos; ya se trate de reliquias históricas y bellezas naturales (*lámina 51, b*); ya de las benignas y saludables condiciones climatéricas reinantes; ya de su cercanía a la Capital y de la facilidad, rapidez, economía y comodidad de los medios de comunicación que ligan al valle con la capital de la República y otras ciudades importantes.

En primer término, se ofrece a la admiración del turista la gran ciudad arqueológica en la parte central del valle. Profunda emoción se experimenta cuando, después de haber leído en esta obra, o en la *Guía para visitar la ciudad arqueológica de Teotihuacán*,[1] la portentosa historia de los teotihuacanos, se examinan pausadamente, en mañana de cielo diáfano y luminoso, las gigantescas pirámides destacándose en el lejano azul; plazas espaciosas limitadas por escalinatas esbeltas y múltiples templos en los que vibra y apasiona armonioso y sutil conjunto de líneas rectas; policromados monstruos mitológicos que erizan plumajes ondulantes e inspiran pavores exquisitos con la mirada fija y profunda de sus ojos de obsidiana; frescos murales de vívidos colores y estilización sorprendente; amplio y elegante Museo en el que existen los objetos todos que hacían amable la vida de ese pueblo artista y poderoso, pudiéndose ver allí desde el diminuto y maravilloso dije de jade o concha perla, de aristócratas vírgenes teotihuacanas, hasta el gran caracol policromado que era la trompa triunfal de invicto guerrero, o la cazueleja de mica, carbón y huesos de pajarillos que en actitud ritual ofrecía en la pirámide del Sol el viejo sacerdote de cuya morena faz hierática escurrían gotas calientes de roja sangre penitencial......

---

[1] Manuel Gamio.—*Guía para visitar la ciudad arqueológica de Teotihuacán.* México, 1921.

a).—Deidad maya descubierta en Teotihuacán.

b).—Fragmento de «yugo» totonaco descubierto en Teotihuacán.

a).—Portada de la iglesia de Xometla

b).—Uno de los bellos paisajes del Valle de Teotihuacán.

a).—Frontal de la iglesia de Atlatongo que imita una tela de brocado, estilo Luis XV.

(*b*), *c*) y *d*).—Triple cruz de madera policroma, mesa antigua y pintura de la Virgen de Guadalupe, en la iglesia de San Juan Evangelista.

a).—Cerro Gordo. Extinto volcán que arrojó buena parte de las piedras con que se fundó la arcaica Teotihuacán.

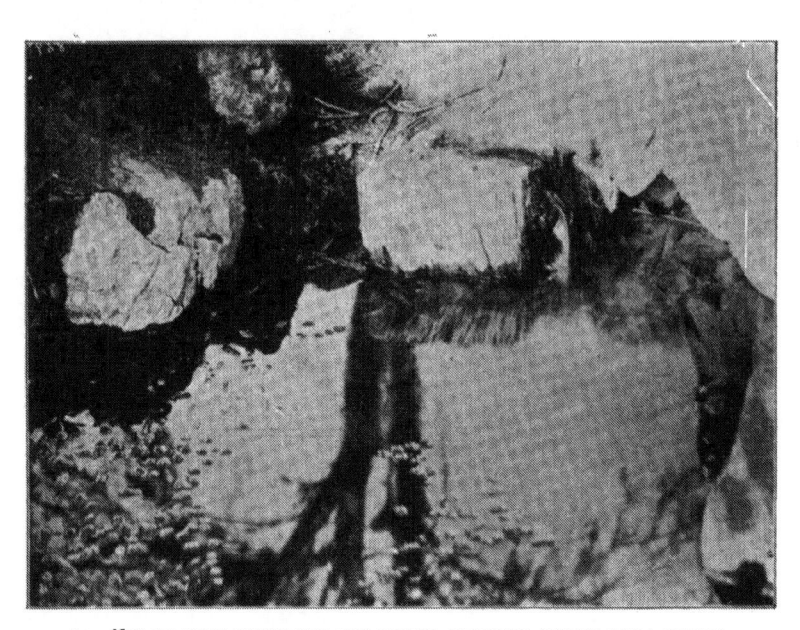

b).—Uno de los manantiales que tienen su origen debajo de la iglesia de San Juan Teotihuacán.

El amante de la tradición colonial, suntuosa y sombría a la vez, hallará deleite en Acolman, la joya plateresca en que arquitectos de poca nombradía, pero de muy alto ingenio, levantaron fábrica de alcurnia tal, que en Toledo sería afamada: cantera rosada y palpitante de vida y belleza, como carne de mujer selecta que a la postre abandona la pintura y afeites, a la manera de Acolman que se despojó del policromo aderezo. Teoría armoniosa de hipogrifos fantásticos; padres de la Iglesia de severa actitud; poética e ingenua Anunciación; tributos alimenticios de indígenas regionales, esculpidos como símbolo de la substanciosa y rica mesa conventual; lápidas que suspenden leones serenos y que dicen qué Rey y qué Virrey dieron su venia para edificar iglesia y convento. Arriba, por encima de todo, los leones y las torres de Castilla y el sangrante brazo heráldico de Acolman. Así es la fachada que diestros cinceles esculpieron con amor.

Dentro de la iglesia están los frescos murales (*lámina 50*), que, sin recaer en juicio novato, pudieran tomarse, *toute proportion gardée*, como ingenua réplica de Miguel Angel. Después, el convento, donde otros frescos más bellos nos dicen que fué profunda la influencia italiana en esta obra. Contemplando Acolman se vive en la Nueva España del siglo XVI, lo que es bien sugestivo hacer en el siglo XX.

Tan interesantes como Acolman, desde otros puntos de vista, hay diez templos más en el valle: Purificación, San Francisco, Xometla, San Sebastián, etc. (*lámina 51, a*). Amantes de la tradición colonial, admirad esos templos—no sólo en su bella arquitectura, sino en sus pinturas, esculturas, tejidos, ropajes de oro y plata, pues de todo hay en ellos—si tenéis la santa devoción del Arte para buscarlo y rendirle pleito homenaje! (*lámina 52*).

El vulcanólogo y el alpinista pueden ascender a las montañas que cierran el valle, principalmente a la de Cerro Gordo, extinto volcán que arrojó buena parte de las piedras con que se fundó la arcaica Teotihuacán (*lámina 53, a*). Seiscientos veinte metros de altura sobre el nivel de la pirámide del Sol, vegetación alpestre, cráteres inactivos, montículos arqueológicos inexplorados, restos de un antiguo palacio de Alva Ixtlilxóchitl, historiador colonial de nombradía, descendiente del rey tezcocano Netzahualcoyotl; todo eso puede observar el turista en la cúspide del Cerro Gordo.

En el centro del valle, cerca de la zona arqueológica, está la villa de San Juan Teotihuacán, en la que profusamente brotan cristalinos manantiales, teniendo uno de ellos su origen debajo de la iglesia parroquial (*lámina 53, b*). Ahuehuetes milenarios abundan cerca de esos manantiales, dando sombra a pintorescas hortalizas. Maximiliano, el austriaco archiduque que, sugestionado por los afanes imperialistas de Napoleón III, vino a morir a México, tenía especial predilección por el valle y principalmente por la villa de San Juan Teotihuacán, lugares que veinte años antes habían despertado la curiosidad de la Marquesa Calderón de la Barca. El hermoso puente inmediato a esta villa fué construído por iniciativa de Maximiliano (*lámina 54, b*), y existe un ahuehuete gemelo en el que, según la tradición local, acostumbraba sentarse Carlota.

Un tanto alejado del valle, más allá de Otumba, está el cerro de los Ixtetes, en el que existen numerosas vetas de obsidiana, de las que los indígenas teotihuacanos tomaron material para la fabricación de cuchillos, flechas y mazas; el investigador en Geología y en la industria arqueológica de la piedra tallada encontrará allí interesante objeto de estudio.

Más argumentos pudiéramos agregar con respecto a la importancia que para el turista encierra el valle de Teotihuacán; pero no podemos alargar este artículo. En las conclusiones expondremos las innovaciones que la Dirección de Antropología ha hecho, proyecta y sugiere para facilitar el desarrollo del turismo en la región de Teotihuacán.

Situación económica.—En otra parte de esta obra se consideran detalladamente los complejos y diferentes aspectos que entraña la situación económica del valle; así, que en estas líneas nos limitaremos a comentar sucintamente las condiciones del salario regional y de la distribución de los productos agrícolas, por ser los factores fundamentales en el problema económico local.

El conjunto de productos que espontáneamente brinda el suelo del valle, así como los obtenidos merced a la intervención e industria del hombre, bastarían ampliamente para la subsistencia de los 8,330 habitantes de que está formada la población, si se hiciera de ellos una distribución equitativa y proporcional. Desgraciadamente no sucede eso, pues tales productos se reparten entre dos grupos: uno de ellos, formado por siete individuos propietarios de las grandes haciendas que comprenden nueve décimas partes del valle, recibe, en consecuencia, nueve décimas partes de esos productos y, en realidad, más, dada la superioridad de los sistemas de cultivo que emplean. La restante décima parte de esos productos pertenece a 417 pequeños propietarios, que son dueños de la décima parte del valle. El gran resto de habitantes vive de pequeñas industrias raquíticas, de transacciones comerciales insignificantes y de otros recursos señalados ya en el párrafo de *ocupaciones*, del censo; pero la gran mayoría subsiste con el salario que le pagan aquellos siete terratenientes por laborar sus tierras. Este salario es insuficiente e inconstante; lo primero, porque, fluctuando entre sesenta centavos y un peso, es muy difícil para el jornalero atender con él a sus necesidades y, casi imposible, a las de su familia. Visite quien desee convencerse de lo expuesto, los diversos pueblos y parajes del valle y encontrará por todas partes hombres, mujeres y niños mal alimentados, mal vestidos, mal alojados; esto en su aspecto físico. Desde el punto de vista moral, se les hallará ignorantes, pasivos, melancólicos y desalentados. Sin embargo, si el salario fuese constante, ese humilde modo de existir estaría siquiera asegurado; pero no sucede tal, pues en el valle las temporadas de trabajo son periódicas, coincidiendo con las épocas de siembra y de cosecha. ¿Qué hacen los jornaleros en los restantes meses del año, en que se les cierra la principal fuente de trabajo regional? Trabajan por menos salario en labores secundarias o emigran temporalmente de la región.

La cuestión, pues, no tiene más solución que equilibrar las inestables condiciones actuales de propiedad de tierras en el valle y de distribución de sus productos.

Durante la época colonial, la situación económica de los habitantes del valle fué también muy difícil y desfavorable; pero siquiera entonces la proporción de tierras de que eran propietarios aquéllos era mayor y, consecuentemente, más favorable la distribución de sus productos.

Un equilibrio favorable en cuanto a la situación económica de los habitantes del valle, existió en la época prehispánica, en la que, según ya dejamos apuntado, eran más satisfactorias las condiciones de propiedad del suelo y distribución de sus productos.

El problema socialista en la región.—Hemos creído que esta síntesis quedaría incompleta si en ella no expusiéramos el estado actual que las cuestiones sociales presentan en la región.

Desde luego extraña profundamente el contraste que hay entre lo que se observa en el valle de Teotihuacán y en la capital de la República, no obstante que aquél está tan próximo a ésta, pues sólo dista cuarenta y cinco kilómetros. En efecto, en la Capital el socialismo ha hecho tan grandes y positivas conquistas como en cualquier otro país del mundo, exceptuando Rusia, y hasta un pseudo-*bolshevismo*, teórico, embrionario y exótico, manifiesta, de cuando en cuando, su presencia. En cambio, entre los habitantes del valle se desconoce aún el socialismo, o no se le comprende, y menos aún se practica, no obstante que el malestar económico de aquéllos es y ha sido siempre exagerado. De socialismo rojo o *bolshevismo*, nada, absolutamente nada, se habla siquiera.

Vamos a analizar y a procurar explicar esa diferencia de condiciones que a primera vista parece anormal.

El socialismo en la capital de la República.—La capital de la República, centro al que convergen las actividades nacionales de todo género y crisol donde se mezclan y confunden los anticuados pensamientos de carácter vernáculo y las más avanzadas ideas cosmopolitas, vive más de prisa y con un adelanto de años o siglos con respecto al modo de existir lento y hasta estacionario que se observa en otras regiones que constituyen el país. Esta diferencia no es comparable a la superficial y morfológica que existe entre las capitales y las provincias de otros países, sino honda y fundamentalmente esencial. La mente colectiva metropolitana agrupa en complejo y bizarro mosaico el pensamiento inconsistente y brumoso de representantes de familias indígenas que aun vegetan con vida casi neolítica, como los seris y pápagos del N., los mayas de Quintana Roo y otras agrupaciones que suman decenas de millares de almas; las ideas prehispánicas, ligeramente influenciadas por la Conquista, que abrigan los representativos millones de indígenas y mestizos, cuya existencia estancada, silenciosa y retraída encierra el más profuso, variado e interesante acervo *folk-lórico* que brinda el Continente; el modo de pensar medioeval de clases conservadoras, tanto provincianas como capitalinas, que alientan con la vista vuelta hacia el pasado; el espíritu moderno y sensato de las muy reducidas minorías que marchan sincrónicamente con la civilización contemporánea, y el criterio ultra-moderno, pero desorientado, de quienes, olvidando la heterogeneidad y diversidad de los elementos sociales que hemos señalado, pretenden que México desdeñe las leyes indeclinables de la evolución y haga el milagro de moldear instantáneamente diez y seis millones de hombres de mentalidad moderna, cuando la de trece millones de ellos es neolítica, prehispánica o medioeval, es decir, que ocupa actualmente las etapas que en otros países se recorrieron gradualmente desde hace millares o cientos de años.

Ahora bien; aquellos elementos de espíritu sensato y moderno, identificados con los progresos socialistas universales, han luchado vigorosamente por mejorar las condiciones de vida del proletariado mexicano y, principalmente, del obrero. En efecto, los obreros han llegado a hacer realmente eficientes sus medios de asociación y de acción colectivas, merced a lo cual han mejorado de manera positiva su salario y, por tanto, su alimentación, su vestido, su habitación, sus esparcimientos y sus cajas de previsión. Recuérdese al obrero harapiento y demacrado de hace algunos años y no podrá negarse el adelanto del de estos tiempos. Este plausible triunfo se debe, principalmente, a que como en lo general los obreros viven en centros urbanos, de continuo se están aproximando e incorporando a los elementos sociales de raza blanca y mestiza y a la civilización de tipo moderno. Justa, muy justa nos parece, desde cualquier punto de vista, la mejoría económica y social que, merced a nobles esfuerzos, han logrado alcanzar los obreros, y sólo deploramos que, por los motivos que más adelante se expondrán, las clases indo-mestizas de los campos no gocen todavía de un bienestar análogo.

En cambio, consideramos que, hoy por hoy, es utópico, inútil y hondamente perjudicial para el país que el insignificante número de personas de criterio ultra-moderno y desorientado a que antes nos referimos, se empeñe, con ingenuidad inexplicable o con punible mala fe, en procurar la implantación del *soviet* en México, ya que esto, en vez de traer consigo el mejoramiento económico e intelectual de las masas indígenas, exacerbaría su miseria y haría más dura su esclavitud. En efecto, nuestros *líderes* pseudo-*bolchevistas* pertenecen a clases sociales urbanas, comulgan o aparentan comulgar con ideales ultra-modernos y exóticos y desconocen *absolutamente* las características, las necesidades y las aspiraciones de las grandes mayorías indígenas rurales, como lo demuestran dos hechos incontrovertibles. 1º—La propaganda roja nunca considera en sus prédicas el factor indígena, como si ignorara que existe o desdeñase su existencia. 2º—Las masas indígenas rurales no han sacado provecho alguno, ya no del *bolchevismo*, pero ni aún del socialismo sensato, en tanto que los obreros urbanos sí mejoraron sus condiciones de vida.

Convenimos, desde luego, en que algunas instituciones actuales son perjudiciales a la colectividad, y convenimos también en que la generalización y universalidad de los movimientos de renovación social alcanzan tales proporciones, que la *sovietización* de los gobiernos, que hoy es imposible en varios países, entre ellos México, se efectuará de acuerdo con las condiciones peculiares de cada nación, en un futuro de que no sabemos cuántos años nos separan. Por lo demás, hay algo que es concluyente a este respecto: el *sovietismo* no podrá jamás ir de México a otros países capitalistas, principalmente a los Estados Unidos. Este país ha emprendido la más vigorosa campaña que se conoce para destruir los gérmenes del *sovietismo* que comenzaban a desarrollarse en el seno de su proletariado. ¿Hay entre nosotros, *bolsheviques* exóticos que aprueban y predican la destrucción de los capitales extranjeros invertidos en México, lo que atraería instantáneamente, no sólo la intervención extranjera, sino la desmembración de la República y la definitiva pérdida de la nacionalidad? Si tales entes existen, deben ser eliminados o recluídos por su locura o por su traición a la patria. Cuando en un futuro desconocido se establezca el *soviet* en Wáshington, en París o en Londres, automáticamente sucederá lo mismo en México; mientras tanto, hay que seguir caminando sensata y cuidadosamente por el difícil sendero social e internacional que nos corresponde.

Manifestaciones esporádicas de socialismo en la región.—Quedó asentado ya que en el valle no hay, ni ha habido nunca, tendencias socialistas. En la época prehispánica, el gobierno estuvo en manos de caudillos, sacerdotes, guerreros y nobleza, que constituían las teocracias aborígenes, siendo la gleba instrumento fiel y pasiva piedra angular de aquellas minorías despóticas. Sin embargo, tales organizaciones sociales eran relativamente explicables si se tiene en consideración la época en que funcionaban y el aislamiento universal en que durante numerosas centurias se desarrollaron. La situación económica de la población era incomparablemente superior a las que siguieron en la época colonial y en la contemporánea. Antes de la Conquista, el bienestar económico de los habitantes era proporcionado y equitativo, lo que puede demostrarse de diversas maneras, entre otras, por el hecho extraordinario de que entonces la mendicidad era desconocida. La agricultura, que fué la principal, si no la única, fuente de riqueza en la región, brindaba directamente los frutos de las tierras del valle a todos sus habitantes. El monarca, en este caso el rey de Texcoco, era virtualmente el dueño de dichas tierras; pero en realidad su posesión correspondía a los nobles o caciques, a los vecinos de los pueblos y a los sacerdotes de templos y *teocallis*. La producción agrícola se obtenía, principalmente en las tierras de los pueblos, merced a la organización comunista del trabajo. Los vecinos intervenían conjunta y equitativamente en el laboreo de las sementeras, en la cosecha de los frutos, en su canje o venta y en su consumo. Era esto, en cierto modo, una aplicación práctica y feliz de las teorías de Marx, elaborada en larga evolución de incontables siglos.

Los dominadores hispanos continuaron aparentemente ese sistema de propiedad de la riqueza regional, que, repetimos, estaba constituída por las tierras, pues éstas quedaron divididas entre la Corona, encomenderos, caciques descendientes de los indígenas, habitantes de los pueblos y frailes de órdenes religiosas que suplantaron a los sacerdotes de los *teocallis* derruídos; pero, en verdad, quienes pronto acapararon las tierras fueron las órdenes religiosas, que, en vez de secundar el apostolado cristiano, eminentemente socialista, de que se conceptuaban heraldos, acumularon riquezas y despojaron a los desvalidos habitantes aborígenes. En secundaria proporción, poseían tierras encomenderos y caciques, y, en último término, los habitantes de los pueblos, pues continuamente les eran mermadas, no obstante leyes magnánimas y disposiciones justicieras de nobilísimos virreyes y monarcas hispanos.

Las condiciones del trabajo cambiaron totalmente en la época colonial; los habitantes de los pueblos, durante el tiempo en que no los ocupaba la servidumbre prestada al dominador, continuaron su viejo sistema comunista de propiedad y explotación de las pocas tierras que conservaban. En lo relativo al trabajo requerido para hacer productivas las propiedades de encomenderos y frailes, se organizó o clasificó la población del valle en dos grupos: uno, el explotado, numerosísimo y constituído por los habitantes indígenas y mestizos que formaban la inmensa mayoría de la población total; el otro, de reducido número de explotadores, de origen español, tanto frailes como encomenderos. Por no aparecer apasionados a este respecto y a fin de no prolongar estas líneas, nos abstenemos de describir la inicua explotación del trabajo durante la época colonial, bastándonos decir que numerosos cronistas españoles condenaron en todos los tonos, y en todos los siglos que duró aquélla, tan inhumano crimen. ¿Por qué no se rebelaron contra sus verdugos esos indígenas vejados? se preguntará. Porque no podían! La cercanía del valle a la capital del virreinato, en donde residían las supremas autoridades civiles, imponía pavor a los habitantes, que vivían temerosos de ser aniquilados como había sucedido a los de otras regiones más alejadas de la Capital. Por otra parte, la religión mixta o católico-pagana que órdenes religiosas y clero secular habían elaborado hábilmente, sumergió a los habitantes en un fanatismo religioso todavía más embrutecedor y degenerado que su antecesor prehispánico. Para dominar al cuerpo, el arcabuz, la tizona, la hoguera y la horca; para sojuzgar el alma, el purgatorio tenebroso y el infierno llameante. ¿Cómo podían haber surgido y prosperado ideas socialistas ante ese dilema desolador? Lo lógico, lo humano y, sobre todo, lo únicamente posible, era ir vegetando pasivamente, puestos los ojos en los querubines alados y en las vírgenes tañedoras de cítara, de los cielos pintados en las iglesias regionales.

Tan cierto es lo que dejamos asentado, que no sólo no germinaban en el valle tendencias socialistas, sino que hasta de las revoluciones de todo género que ha habido en el país, desde que terminó la dominación española hasta la fecha, se han retraído los habitantes de la región. Ni la Independencia, ni la Reforma, ni la revolución de 1910–1920 han despertado eco en el valle, siendo verdaderamente insignificante el número de vecinos que, como soldados, se incorporaron en esos movimientos.

En la actualidad, las condiciones del trabajo son mejores que en épocas pasadas; pero, en cambio, la situación económica, en general, es igual y, en ciertos aspectos, peor que antes. En efecto, las Leyes de Reforma, que abolieron las propiedades comunales a mediados del siglo pasado, lograron extirpar de la región a las órdenes religiosas, cuyos múltiples tentáculos absorbían casi todos los recursos regionales. En cambio, al abolirse también las propiedades comunales de los pueblos y repartirse las tierras entre los individuos que los formaban, éstos incurrieron en la debilidad o en la torpeza de enajenarlos, en condiciones desfavorables, a los grandes terratenientes, lo que dió origen a la formación de los latifundios y a la miseria de los pobladores del valle.

Se ha hecho propaganda socialista entre los habitantes desde hace mucho tiempo, pero sin fruto alguno. Desde luego, regular número de vecinos de uno y otro sexos vienen a la Capital a trabajar en diversas industrias y a prestar servicios domésticos; imbuídos en las ideas socialistas que adquieren de los obreros con quienes trabajan, las llevan consigo al regresar al terruño, y cuando viene la ocasión, las sacan a luz; pero, repetimos, su propaganda no es comprendida, no es asimilada y termina por desvanecerse y desaparecer.

En los trabajos de la zona arqueológica, en que se han empleado últimamente trescientos hombres, se han dado casos de aparente aspecto socialista, los cuales se resolvieron sencilla y favorablemente, merced al criterio equilibrado y sensato que siempre ha privado en la Dirección de Antropología y que consiste en mejorar en todos sentidos las condiciones de vida de la población del valle, corrigiendo a la vez los abusos y desmanes que se presentan y son perjudiciales a la misma población. Un conserje, injustamente disgustado por la nueva y más eficiente organización que se había dado a los trabajos, contribuyó directa, pero solapadamente, a que una cuadrilla de trabajadores destruyera unas obras de reparación, por lo que se le reprendió severamente; esto lo hizo intrigar hasta conseguir que los trabajadores iniciaran un pequeño motín por el pretexto baladí de que el tomador de tiempo tardaba algo en recoger las herramientas al terminar las labores. Conociendo los antecedentes del suceso, el encargado de los trabajos supo disciplinar enérgica y convincentemente a los trescientos hombres, pues no acudió a medios violentos; después de hacerles presente la intriga que ocultamente los había movido, les demostró que no tenían motivo alguno de queja, en lo que, a la postre, estuvieron de acuerdo. El conserje fué despedido, no obstante su antigüedad y reconocida aptitud. Habiéndose convencido de la injusticia de su proceder, varios meses después el mismo individuo solicitó trabajo, el que le fué concedido por considerarse útil su colaboración en el desempeño de las obras de descubrimiento.

Después de varias investigaciones sobre las condiciones de vida de los jornaleros del valle, la Dirección de Antropología dedujo que era materialmente imposible que subsistieran con los salarios, de sesenta centavos a un peso, que recibían en las haciendas por una agotante labor de doce horas, en vista de lo cual fijó para sus trabajadores un salario mínimo de un peso veinticinco centavos, por ocho horas de trabajo en condiciones normales. Durante la época de lluvias, se aumentó el número de horas a nueve y media para compensar el tiempo perdido durante las lluvias fuertes, tiempo que, por otra parte, no podían aprovechar los trabajadores en quehaceres domésticos o de otro género, puesto que ni siquiera podían dirigirse a sus hogares hasta que cesara de llover. Este aparente aumento en las horas de trabajo disgustó a los trabajadores, por justificado que fuese; así es que desde luego alegaron tener derecho a que no se efectuase. Se les habló entonces razonadamente y se les indicó que si tal deseaban se les ocuparía ocho horas diarias por el salario acostumbrado de un peso veinticinco centavos, en la inteligencia de que si, con motivo de las lluvias, desempeñaban menos de ocho horas de trabajo efectivo, se les rebajaría el valor de las horas perdidas. Discutido el asunto entre las cuadrillas, resolvieron aceptar el aumento de tiempo. Debe advertirse que en la estación seca se observa estrictamente la jornada de ocho horas, y cuando, por labores urgentes, se aumenta ésta o se ocupa a los trabajadores, se les pagan cuotas extraordinarias.

Por lo expuesto se ve que, hasta hoy, el socialismo no es planta que prospere en la región. La implantación de sensatas asociaciones rurales, después de la dotación de tierras a que en otro lugar aludimos, traería consigo pacíficamente el bienestar económico de esta población. En las conclusiones nos ocuparemos aún de este interesante asunto.

CONCLUSIONES

De lo expuesto en los anteriores párrafos se deduce fundadamente que la población regional de Teotihuacán ha disminuído desde su conquista por los españoles hasta la fecha en proporción progresiva y desoladora y que presenta en la actualidad una alarmante decadencia en sus aspectos físico, social, intelectual y económico.

Si esta población es abandonada a sus propios esfuerzos, continuará vegetando dolorosa y anormalmente y seguirá constituyendo una masa pasiva y obstruyente para el progreso local y para el nacional, como ha sucedido durante los siglos coloniales y el siglo XIX, en que no pudo alcanzar redención por sí misma, ni tampoco hubo esfuerzo extraño que le facilitara medios para conseguirlo.

En seguida se exponen las mejoras que implantó la Secretaría de Agricultura y Fomento, por conducto de la Dirección de Antropología, en pro del desarrollo integral y efectivo de dicha población, y se sugieren las gestiones que el Gobierno Federal, el Gobierno del Estado de México, las entidades municipales de la región y diversas entidades particulares pueden hacer con el mismo fin. Posteriormente podrá implantarse el mismo o análogo sistema de mejoría social en el resto del Estado de México y en los de Hidalgo, Puebla y Tlaxcala, pues, según dejamos establecido antes, la población de Teotihuacán es representativa de las que habitan las regiones altas de esos Estados, regiones que constituyen la mayoría de sus territorios respectivos.

a).—Vitrina que contiene las diferentes muestras
de canteras, barros, etc., recolectados
en el Valle de Teotihuacán.

b).—Puente sobre el camino de San Juan Teotihuacán
a la estación del Ferrocarril Mexicano, mandado construir por Maximiliano.

§ 1.—INNOVACIONES Y MEJORAS IMPLANTADAS POR LA DIRECCIÓN DE ANTROPOLOGÍA

Como quedó ya indicado, se persiguieron dos fines principales: 1º—Mejorar las condiciones de propiedad, producción y habitabilidad del territorio; y 2º—Mejorar las condiciones de vida física, intelectual, social y económica de la población.

El territorio.—*Geografía y recursos naturales.*—Se hizo el levantamiento topográfico de la región y se estudió y describió su oro-hidrografía y su formación geológica, deduciéndose de esas investigaciones los siguientes resultados prácticos: se localizaron en el valle materiales de construcción de muy buena calidad, principalmente *canteras* (*lámina 54, a*), yacimientos de *obsidiana negra y roja*, propia para decoración arquitectónica y fabricación de objetos de lujo, y *barros* inmejorables para usos cerámicos, incluyendo variedades blancas análogas al *kaolín;* se demostró a los habitantes la utilidad de esos barros fabricando cerámica fina, y se examinaron las tierras vegetales a fin de facilitar por ese conocimiento la mejoría de los cultivos.

No existiendo en la región estaciones meteorológicas que permitieran hacer apreciaciones sobre las condiciones climatéricas locales, la Dirección de Antropología instaló una estación de segunda, la que, durante algún tiempo, estuvo establecida en las oficinas de la zona arqueológica y más tarde se trasladó a la villa de San Juan Teotihuacán, quedando desde entonces bajo la jurisdicción de la Dirección de Estudios Geográficos y Climatológicos, dependientes también de la Secretaría de Agricultura y Fomento.

La propiedad de la tierra.—Desde que se iniciaron las investigaciones en el valle, se comprendió que hoy, como hace varias centurias, un pronunciado malestar económico es, entre otras causas, el que más directa y fundamentalmente motiva la miserable situación de los habitantes, y como la principal fuente de vida que pueden tener éstos en la región consiste en productos agrícolas con que subsistir, se estudiaron primeramente las condiciones de propiedad de las tierras y, viendo que era indispensable la *dotación de tierras*, se sugirió tal medida a la *Secretaría de Agricultura y Fomento*, a la *Gran Comisión Nacional Agraria* y a la *Comisión Local Agraria de Toluca*. Por otra parte, a solicitud de los pueblos, se les ayudó a la formación de censos agrarios y a formular peticiones de tierras, pues ellos no podían hacerlo por falta de instrucción. Desgraciadamente, varios motivos, entre otros la oposición tenaz de los hacendados, la acción retrógrada de autoridades del Estado de México y, en seguida, la inexplicable lenidad de la Gran Comisión Nacional Agraria y de la Comisión Local Agraria de Toluca entorpecieron siempre las no interrumpidas gestiones de la Dirección de Antropología,[1] que, para hacer inmediatamente factible dicha dotación, propuso se adquiriesen y dotasen los terrenos de acuerdo con el presente plan: pagar a los hacendados las

---
[1] Estas gestiones se iniciaron desde 1917.

tierras en un plazo de veinte años, haciendo efectivos los réditos anuales correspondientes al valor de aquéllas, el cual sería deducido de acuerdo con el valor fiscal que los mismos hacendados les hubiesen fijado; el Gobierno podría amortizar en cualquier momento. Los individuos que recibieran dotaciones pagarían efectivamente los réditos anuales correspondientes al valor de sus dotaciones, pudiendo amortizar sus adeudos, ya sea parcial o totalmente, de manera que fenecido el término de veinte años estuviera liquidada la operación. En esencia, lo propuesto era análogo a lo dispuesto por la ley agraria, con la diferencia de que el pago efectivo de los intereses a los hacendados haría verdaderamente prácticas las dotaciones.

Confiamos en que el desapasionamiento y la buena fe que presiden esta obra, así como las investigaciones absolutamente verídicas y honradas que contiene, muevan la voluntad y el criterio oficiales a dotar inmediatamente de tierras a los pobladores del valle de Teotihuacán, los que de otra manera seguirán degenerando lastimosamente.

Agricultura, bosques e irrigación.—Siendo estos tres factores de la más alta trascendencia para el bienestar de la población, se hicieron tres estudios por especialistas competentes. En primer término, se investigó, con el auxilio de la Dirección de Aguas, cuáles pueden ser los medios factibles para irrigar las tierras del valle, dadas las condiciones económicas de los habitantes, llegándose a las tres siguientes conclusiones: 1ª—*Aumentar el caudal de los ríos desazolvando sus cauces y construyendo presas económicas en vertientes y barrancas.* 2ª—*Aprovechamiento de las aguas freáticas por medio de bombas movidas con energía eléctrica, la cual es relativamente barata* por atravesar la región los cables conductores de la Compañía de Luz y Fuerza Motriz. 3ª—Con respecto a las aguas ya existentes en la región, es decir, las que provienen de manantiales, la Dirección recibió quejas de pueblos, como Atlatongo, que se decían despojados de ellas por los grandes terratenientes. Estudiada la cuestión histórica y técnicamente, se vió que en efecto el despojo se había efectuado, lo que se puso en conocimiento de la Secretaría de Agricultura y Fomento, procediéndose en seguida a gestionar *la restitución de aguas al citado pueblo*, al que se le concedió por lo pronto el uso provisional de aguas del río de San Juan. Dada la justicia que asiste al pueblo de Atlatongo, es indudable que muy próximamente emitirá resoluciones definitivas en su favor la citada Secretaría.

En seguida, la Dirección de Agricultura se encargó de estudiar el *estado actual de los cultivos regionales*, sugiriéndose posteriormente *métodos apropiados y de fácil ejecución para mejorar los cultivos y aumentar, variar e intensificar la producción agrícola y la ganadera.* También se hicieron indicaciones encaminadas a *higienizar y hacer productivas las industrias* del maguey, principalmente la de la fibra y sus derivados, que es de gran importancia en el valle. Por último, la misma Dirección formuló y suministró *diversos opúsculos destinados a vulgarizar métodos prácticos para mejorar los cultivos y la cría de ganados.*

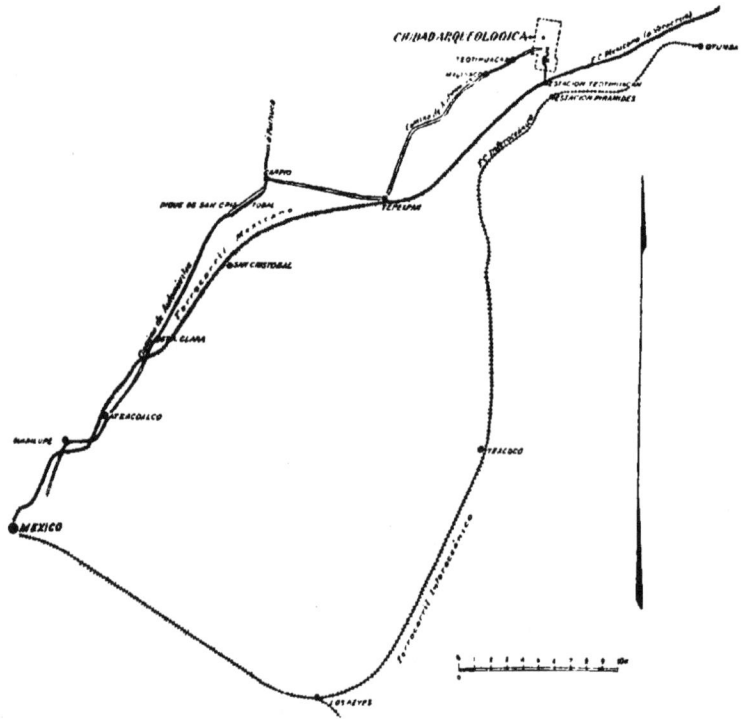

a).—Croquis de los ferrocarriles y camino para automóviles de la ciudad de México al Valle de Teotihuacán.

b).—Nuevo camino de México a la zona arqueológica de Teotihuacán, construído a iniciativa de la Dirección de Antropología.

a).—Estación "Pirámides," del Ferrocarril Interoceánico, construída a iniciativa de la Dirección de Antropología.

b).—Puente entre las estaciones "Pirámides," del Ferrocarril Interoceánico, y "San Juan Teotihuacán," del Mexicano, construído por la Dirección de Antropología.

La Dirección de Bosques clasificó la raquítica producción forestal del valle y sugirió los *medios de iniciar su reforestación, estableciendo al efecto un vivero elemental en la zona arqueológica*, a reserva de emprender próximamente trabajos de mayor extensión e intensidad. Se ha combatido tenazmente la tala de árboles, habiéndose logrado interrumpir el corte de los de las calzadas, que estaban haciendo autoridades incultas y poco escrupulosas. La Dirección de Estudios Biológicos sugirió medidas para evitar que se extingan los animales de caza que existen en la región.

Vías de Comunicación.—Se estudiaron las comunicaciones locales y exteriores (*lámina 55, a*), y se implantaron las siguientes mejoras: la Secretaría de Agricultura y Fomento recabó acuerdo del señor Presidente de la República para que se construyera *un camino para automóviles y otros vehículos entre la Capital y la zona arqueológica de Teotihuacán*, que constituye el centro de la región (*lámina 55, b*). Este camino, que está ya terminado, no sólo tiene por objeto facilitar a los visitantes el acceso en automóvil a la zona arqueológica, sino hacer posible a los agricultores del valle el transporte rápido de sus productos a la Capital, lo que ya se está efectuando, pues con tal objeto los vecinos de algunos pueblos han adquirido automóviles y camiones y otros proyectan su adquisición.

Anteriormente el Ferrocarril Mexicano salía de México a las 5 a. m., [1] por lo que muchas personas desistían de su empeño de visitar la zona arqueológica o los pueblos del valle, pues si bien el Ferrocarril Interoceánico, que sale de México a las 7.50 a. m., tiene en aquél la estación de Metepec, hay que recorrer cuatro kilómetros hasta la zona arqueológica o punto central de la región. En vista de eso, se solicitó y *se obtuvo que este Ferrocarril estableciera la estación "Pirámides" en el kilómetro 58* (*lámina 56, a*), que dista un poco más de quinientos metros de la estación de San Juan Teotihuacán, del Ferrocarril Mexicano, con lo que no sólo se facilitó el tráfico entre México y el valle, sino que se hizo posible a los habitantes de Texcoco y otras poblaciones que están en la línea del Ferrocarril Interoceánico, dirigirse a México por las mañanas, embarcándose en el tren de Puebla a México, del Ferrocarril Mexicano, que pasa por Teotihuacán a las 10 a. m. La importancia del tráfico en esta estación sugirió a la Dirección de Antropología *construir un puente* (*lámina 56, b*), a fin de atravesar en la estación de lluvias la barranca que separa las estaciones de ambos ferrocarriles.

El pequeño ferrocarril que antes estaba dedicado exclusivamente a los trabajos de la zona arqueológica, también hace en la actualidad servicio público para los visitantes a la zona y los vecinos de varios pueblos, como San Martín de las Pirámides y San Francisco, por cuota módica.

Ingenieros de la Dirección hicieron el trazo e indicaron a los vecinos del pueblo de San Martín de las Pirámides el sistema más económico de

---

[1] Actualmente el Ferrocarril Mexicano sale de la estación de Buenavista a las 7 a. m. Además, el mismo ferrocarril ha establecido un tren de excursiones dominicales a San Juan Teotihuacán, que sale de esa estación a las 9.30 y regresa a las 4 p. m , con lo que ha aumentado grandemente el tráfico en la región.

construir el camino carretero que está por terminarse y que une a este pueblo con la zona arqueológica (lámina 57, a).

La población.—*El censo.*—Se practicó el *censo integral* a que ya nos referimos ampliamente, siendo ésta la primera vez que se aplica tal sistema en la República.

El desarrollo físico.—El uso restringido y esporádico que se hace de la vacuna entre los habitantes explica que la viruela sea una de las principales causas de la desoladora mortalidad infantil; esto nos sugirió encomendar al personal de la Dirección que aplicara la vacuna a los niños de la región y que hiciera propaganda sobre el peligro que entraña la falta de esta práctica.

En el archivo de la Dirección constan los nombres de los mil quinientos niños y adultos vacunados y los de los pueblos en que residen, habiéndose enviado copia de esos datos al Departamento de Salubridad Pública.

Una de las labores más trascendentales efectuadas en la Escuela Regional creada por la Dirección y que contribuirá también a mejorar las condiciones físicas de los niños consiste en *enseñarles y hacerles gratos varios deportes, como pelota, salto y carrera* (lámina 57, b), así como el uso de los baños que existen en la zona arqueológica y están a disposición de los niños, de los trabajadores de la zona arqueológica y del público en general.

Uno de los obstáculos con que se tropieza en esta región y en otras partes de la República, al procurar la educación de los niños en las escuelas, consiste en la debilidad orgánica que presentan éstos, debida a deficiencia de alimentación y al trabajo, en ocasiones exagerado, que desempeñan en sus casas, lo que les impide fijar su atención en las enseñanzas del maestro. Para remediar esto *se distribuye a los niños* que asisten a la Escuela Regional *raciones de leche y pan* y se ha invitado a los vecinos acomodados de la región a que contribuyan con carne y legumbres para aumentar dichas raciones.

La exagerada ingestión de pulque que hacen los habitantes, por considerar que esto contrarresta su deficiente alimentación, no sólo los perjudica moral y socialmente, sino que trae consigo diversos trastornos en el organismo, principalmente en el aparato digestivo. Como proscribir absolutamente el uso del pulque sería imposible por hoy, se ha establecido que cuando se observe que cualquiera de los doscientos o trescientos hombres que dependen de la Dirección y trabajan en la zona arqueológica se encuentre en estado de ebriedad *por ingerir cantidades exageradas de pulque, sea despedido inmediatamente*, sistema que ha producido muy buenos resultados: debe advertirse que los trabajadores de la Dirección gozan de mejores condiciones de vida que los demás habitantes, por lo que en ellos son menos disculpables tales excesos. El profesor de la Escuela, a su vez, señala a los niños los *inconvenientes que presenta el consumo de ese líquido.*

Cuando el maíz ha alcanzado precios exagerados, motivando el desarrollo de enfermedades y el aumento de la mortalidad, como sucedió du-

a).—Camino, en construcción, de la zona arqueológica al pueblo de San Martín de las Pirámides, trazado por ingenieros de la Dirección de Antropología.

b).—Niños de la Escuela Regional creada por la Dirección de Antropología, en ejercicios gimnásticos.

LA POBLACIÓN DEL VALLE DE TEOTIHUACÁN

a).—Niños de la Escuela Regional en la elaboración de pan.
(Industria implantada por la Dirección de Antropología.)

b).—Niños de la Escuela Regional, en el tejido de objetos de paja.
(Industria implantada por la Dirección de Antropología.)

a).—Niños de la Escuela Regional en la manufactura de cerámica.
(Industria implantada por la Dirección de Antropología.)

b).—Horno para cocer cerámica, construído por la Dirección de Antropología.

a).—Cerámica esmaltada moderna del Valle de Teotihuacán.
(Industria implantada por la Dirección de Antropología.)

b).—Proyecto del Palacio Municipal de San Martín de las Pirámides,
hecho en la Dirección de Antropología.

rante la epidemia de influenza de 1917, *se repartió maíz a precio menor que el de costo.*

No existiendo en la región médicos cirujanos, los enfermos que requieren urgente atención quirúrgica perecían indefectiblemente en manos de los curanderos empíricos. Siempre que la Dirección tuvo conocimiento de tales casos, *envió a los pacientes a la Cruz Roja por la vía más rápida,* pudiendo citarse, entre otros, el del niño Patrocinio Méndez, que adolecía de fractura del fémur con desgarramiento muscular y hemorragia, siendo inminente la gangrena; el de Angel Huesca, que presentaba un peligroso absceso en el hombro, y el de Venancio Juárez, que sufrió igualmente la fractura del fémur. La citada institución humanitaria curó a los enfermos enviados por la Dirección, con toda eficacia.

Artes e industrias.—La obra de la Dirección a este respecto ha tenido dos orientaciones:

1º—Se ha procurado desarrollar en los niños de la Escuela Regional aptitudes artísticas e industriales, por medio del dibujo, el modelado y el moldeado de los objetos, paisajes, animales, vegetales y edificios que hay en el valle. Se les muestran periódicamente los talleres de cerámica, tejidos, etc., etc., que existen en la región, indicándoles los medios de mejorar su producción. Por último, se les inculca especialmente el aprovechamiento industrial de las materias primas de la localidad: cerámica, sombreros, canastos, tejidos y cuerdas de fibras de maguey, panificación, etc., etc. (*lámina 58 y 59, a*). Además, se procuró imbuirles la conveniencia de los modernos métodos agrícolas, adaptando, por supuesto, las explicaciones al criterio de los niños y a las condiciones agrícolas de la región.

2º—Fomentar entre los adultos la producción industrial regional. La industria que siempre ha podido producirse con relativo éxito en la región *es la cerámica,* pues existe barro de suprema calidad y los alfareros poseen habilidad y experiencia, heredadas de incontables generaciones. Los tejidos eran bien fabricados y económicos; pero no habiendo ganado lanar en la región, o, cuando menos, no pudiendo los tejedores adquirir materia prima, la industria casi ha desaparecido. En vista de esto, se procedió a modernizar e industrializar la producción de cerámica, pues los viejos métodos usados hacían que estuviera estancada. En primer término, se eligió a los alfareros más competentes y se les envió a practicar en las fábricas de la ciudad de Puebla, a fin de que aprendieran la manufactura de la cerámica de tipo de Talavera, que tiene más demanda y es más remunerativa que la que se produce en el valle; esto sin perjuicio de que la segunda se siga elaborando. Terminado el aprendizaje de aquellos alfareros, se construyó un horno especial (*lámina 59, b*) y se estudió teórica y prácticamente la aplicación de las substancias que producen el esmalte y la coloración de las vasijas. Actualmente esta cerámica (*lámina 60, a*) comienza a ser vendida en el mismo valle, en las estaciones de los Ferrocarriles Mexicano e Interoceánico y en la capital de la República. Es probable que en lo futuro se consiga que la producción se intensifique y hasta sea exportada, como sucede con la loza de Puebla. Debe tenerse presente que la Dirección sólo procura industrializar la producción y venta de cerámica, de acuerdo con los métodos modernos; pero deja que se exprese y desarrolle espontáneamente la personalidad artística de los alfareros.

Siguiendo fines de propaganda estética, se ha aconsejado continuamente a los vecinos de la región que no pinten, reformen ni destruyan los bellos ejemplares de arquitectura, pintura y escultura que hay en la región.

A los vecinos del pueblo de San Martín de las Pirámides se les obsequió en la Dirección un proyecto arquitectónico de estilo colonial destinado al palacio municipal (*lámina 60, b*), corrigiendo y adaptando otro que tenían, de estilo exótico y de carácter inadecuado para las condiciones geográficas e históricas del valle y de su población. A fin de corregir las deficiencias que presentan las habitaciones en el valle, se hicieron un detenido estudio y diversos proyectos encaminados a sugerir un sistema de construcciones económicas, higiénicas y adaptadas al medio geográfico de la región y al social de los habitantes (*lámina 61*).

Con el fin de mostrar la riqueza de motivos decorativos que existen en el valle, tanto prehispánicos como coloniales, así como la conveniencia de aplicarlos en las bellas artes contemporáneas, se seleccionaron algunos de ellos para dibujar las cornisas, capiteles y remates que aparecen en esta obra, así como para componer los frisos que decoran los muros del Museo Regional.

Se reprodujeron la letra y el texto de música y cantos de la región, a fin de que compositores nacionales puedan aprovechar sus temas fundamentales, modernizándolos convenientemente.

La abundancia de plantas melíferas en el valle sugirió la *implantación de la apicultura*, de acuerdo con métodos modernos. Las colmenas fueron instaladas en el jardín de la zona arqueológica, contándose con abejas de origen italiano cedidas por la Dirección de Agricultura.

Contando con el apoyo de la misma Dirección, se hizo una siembra de moreras para establecer la *industria sericícola*. Oportunamente serán instalados los gusanos.

Se está procurando hacer verdaderamente comercial la *producción de cordeles, tejidos y costales de fibras de maguey*, materia prima que es muy abundante en la región.

Por medio del cinematógrafo se ha hecho conocer a los pobladores del valle diversas industrias.

Educación.—El plan educativo formulado y adaptado a las condiciones especiales de la población del valle, consta de dos partes. 1º—Educación de los niños. 2º—Educación de los adultos.

1º—Se fundó una Escuela Regional, que sirve de modelo a las que existen en el valle. Después de varios ensayos y selecciones, se contrató a un profesor que satisface plenamente las especiales condiciones del medio escolar en que desarrolla sus actividades. Desde el punto de vista técnico, sus antecedentes son inmejorables, pues es profesor normalista de Jalapa, de la escuela de Rébsamen; pertenece a la raza indígena; conoce sus idiosincrasias y labora entusiastamente por su redención en la esfera en que puede hacerlo; nativo de una población rural del Estado de Oaxaca, conoce prácticamente los cultivos e industrias agrícolas.

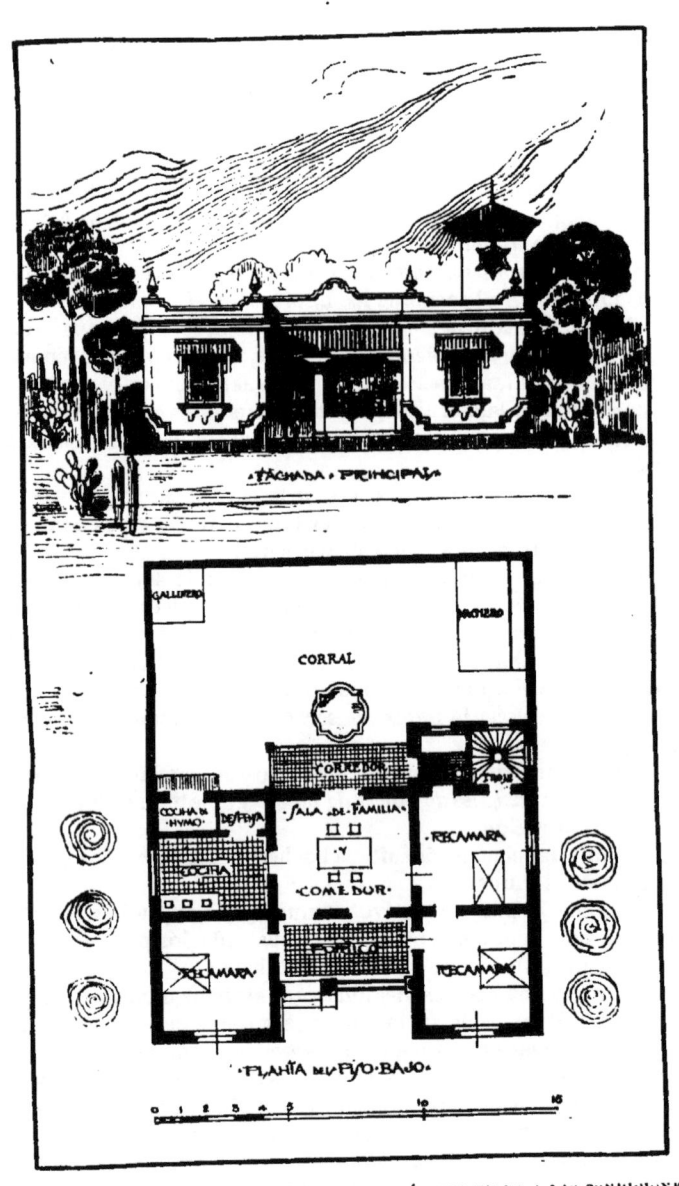

LA POBLACIÓN DEL VALLE DE TEOTIHUACÁN	*Introducción.* Lámina 61.

PROYECTO DE FACHADA Y PLANO DE HABITACIÓN ADECUADA A LAS CONDICIONES
DEL VALLE DE TEOTIHUACÁN.

Se fijó un reducido número de horas para las tareas escolares, tanto para no fatigar a los alumnos como para permitirles dedicarse en sus casas a las labores domésticas que les son indeclinables, dado el malestar económico de los padres. Se concedió especial atención al aseo personal estableciéndose un baño y se suministró indumentaria a los niños.

Para complementar lo relativo a educación higiénica y física, se vacunó a los concurrentes a la Escuela, haciéndoles ver la conveniencia de tal medida, y se les enseñaron diversos deportes.

El plan de enseñanza literaria, si así puede llamarse a la que se imparte con los libros de texto, fué elaborado de acuerdo con los más satisfactorios métodos pedagógicos; pero se les adecuó a las condiciones especiales de la población escolar indígena y mestiza del valle, dándose preferencia en ciertas materias, como la Geografía, a los aspectos regionales, físicos y políticos, para después ensanchar el horizonte de las enseñanzas.

El factor educativo a que quizá se prestó mayor atención es el consistente en enseñar a los niños el aprovechamiento industrial y agrícola de los recursos naturales de la región, según ya se expuso en lo referente a industrias.

Paulatinamente se procura imbuirles el concepto de lo que en realidad son la patria, la nacionalidad y la humanidad, labor indispensable, dada la obscura comprensión que tienen y siempre han tenido de esas entidades, comenzando por la patria, que, para la gran mayoría de los habitantes, está constituída por los pueblos en que respectivamente nacieron.

2º—La educación de los adultos se inició con los trabajadores de la zona arqueológica y ha sido tarea bien difícil de realizar satisfactoriamente. Con docilidad asistieron a la Escuela Regional en las horas dedicadas a ellos; pero tres obstáculos casi invencibles entorpecieron siempre el aprendizaje de todo aquello que requería algún esfuerzo mental: 1º—El cansancio físico por las diarias labores. 2º—La decadencia física en que se encuentran por falta de suficiente alimentación y otros motivos. 3º—El deseo de aprovechar en labores domésticas o rurales el tiempo empleado en la Escuela. Comprendiéndose, pues, que, mientras la situación económica de los trabajadores no mejorase, les sería poco útil concurrir a la Escuela, fueron seleccionados los contados individuos que voluntariamente podían hacer fructífero aprendizaje, y con respecto a los demás, se accedió a que no concurrieran a las clases, procurándose educarlos por otros medios, uno de los cuales consistió en repartirles folletos sobre industrias, métodos de cultivo, higiene, moral, etc., a fin de que quienes supieran leer transmitieran a los demás los conocimientos así adquiridos. Además, se extendió a los adultos la enseñanza práctica sobre industrias a que antes aludimos con respecto a los niños. Por último, se inició la educación gráfica por medio de exhibiciones cinematográficas gratuitas, sistema que tan notables resultados suministró al *Bureau of Commercial Economics* de Wáshington.

Siendo tan difícil el problema de la educación de los adultos, se ha hecho, como decimos antes, cuanto es posible por resolverlo, y se le continúa dedicando determinada atención; pero en primer término, se intensificará y ampliará en todos sentidos la educación de los niños, cuyo criterio, desprovisto de prejuicios, puede ser eficazmente moldeado en las ideas y en las prácticas de la civilización moderna.

Observación y representación artística del valle y de sus habitantes.—Diversos métodos científicos a que se ha hecho referencia en páginas anteriores, permitieron observar, describir y clasificar más o menos defectuosamente las características oro-hidrográficas, climatéricas, geológicas, botánicas y zoológicas del suelo del valle y de las plantas y animales que se desarrollan en él, así como las antropológicas, etnográficas, sociológicas, psicológicas, etc., de sus habitantes.

Aunque esa integración de características determinadas por medios científicos, suministran ya un conocimiento relativamente satisfactorio sobre la vida de la población y el ambiente que la rodea, hay, sin embargo, aspectos que escapan de tal apreciación, porque ésta no puede ser hecha con auxilio de la ciencia, sino que solamente es percibida y expresada por medio del arte en sus diversas modalidades.

La poderosa influencia que el paisaje del valle ha ejercido desde remotos tiempos en la mente de los habitantes no podía ser estimada con procedimientos científicos como los arriba aludidos ni con medios mecánicos como es la fotografía. Era necesario que un pintor, un verdadero pintor, de técnica equilibrada, de amplia visión, de sensibilidad extrema y de penetrante criterio analista, viviera en el valle, por el tiempo que fuese necesario para identificarse sin prejuicios ni festinaciones con el brillante cielo azul, las montañas de hostil aridez, las tierras bajas siempre verdes, los vetustos templos coloniales de pomposa leyenda, las milenarias ruinas evocadoras de dramas mitológicos y los míseros jacales de la gleba que apresan garras hirientes de nopales y magueyes; para convivir y hermanar con el hombre del valle, haciendo suyas, temporalmente siquiera, sus costumbres, sus ideales, sus dolores, sus goces, sus supersticiones y sus placeres; su existencia toda.

Así se hizo. Francisco Goytia, el más sincero y el más vigoroso de los pintores mexicanos, vivió en Teotihuacán largos meses de contemplación y recogimiento, hasta que, identificado con los seres y las cosas que lo rodeaban, sintió vibrar su emoción con las mismas palpitaciones que estremecían ese ambiente de misteriosos contrastes y comenzó a producir obra que tal vez no agrade a la crítica oropelesca y superficial, pero que creará sorpresa y placer inusitados en quienes detenida y sinceramente quieran asomarse a la vida recóndita y desconocida de esta región mexicana (*láminas 62 y 63*).

Desde el punto de vista escultórico se ha iniciado idéntica labor y se continuará hasta terminarla.

La música y las canciones regionales merecieron, naturalmente, especial atención por constituir la quinta esencia de los sentimientos artísticos populares que no pueden ser caracterizados pictórica o escultóricamente (*lámina 64*).

a).—Iglesia de San Francisco.
(Copia de una acuarela hecha por el señor Francisco Goytia.)

b).—Pirámide del Sol.
(Copia de una acuarela hecha por el señor Francisco Goytia.)

a).—Fachada de la iglesia de San Agustín Acolman.
(Copia de un pastel hecho por el señor Francisco Goytia.)

b).—Danzantes indígenas.
(Copia de un pastel hecho por el señor Francisco Goytia.)

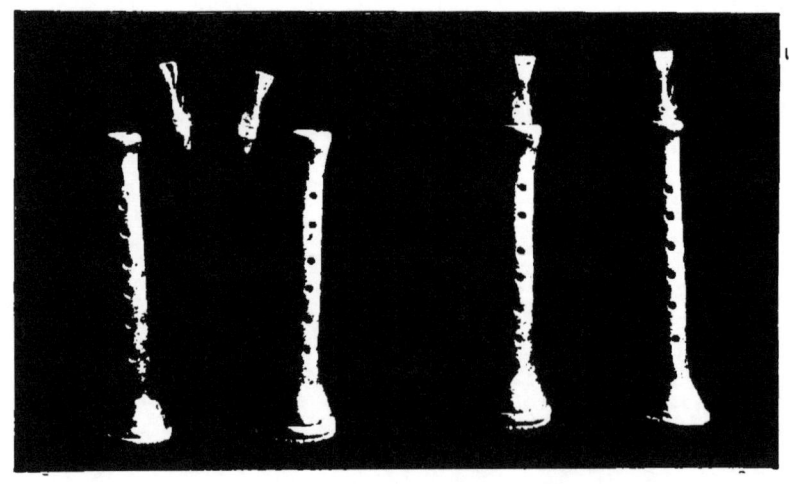

LA POBLACIÓN DEL VALLE DE TEOTIHUACÁN — *Introducción. Lámina 64.*

a).—CHIRIMÍAS INDÍGENAS USADAS EN EL VALLE DE TEOTIHUACÁN.

b).—LA BOLA.
(Música indígena que se ejecuta con chirimías, *huéhuetl* y tambor en el valle de Teotihuacán.)

EXPOSICIÓN CENTRAL ESTABLECIDA EN LAS OFICINAS DE LA DIRECCIÓN DE ANTROPOLOGÍA.

b).—EXPOSICIÓN LOCAL ESTABLECIDA EN LA ZONA ARQUEOLÓGICA DE TEOTIHUACÁN.

Por último, las leyendas, *relaciones*, supersticiones, etc., etc., tienen, aparte de su vida *folk-lórica*, aspectos puramente artísticos que son muy interesantes; así, que se hizo una amplia y minuciosa recopilación de ellos.

Exposición central.—A fin de que las investigaciones y conclusiones expuestas en esta obra puedan ser estudiadas y comentadas con toda amplitud por los lectores de la misma y por el público en general, se estableció en un salón de la Dirección, en San Jacinto, D. F., una exposición en que aparece objetivamente representado lo que está escrito en las presentes páginas, ya corresponda a la época precolonial de la población, bien a la colonial o a la contemporánea: arquitectura, escultura, pintura, cerámica, implementos industriales y domésticos, objetos rituales, armas, indumentaria, producción agrícola, etc., etc.; además, ejemplares de flora y fauna regionales y muestras debidamente clasificadas de los minerales del valle y de los objetos que con ellos se fabrican; por último, mapas en que aparecen todos los poblados, el censo de sus habitantes y los medios de comunicación interior y exterior, aparte de la configuración oro-hidrográfica regional (*lámina 65, a*).

Dicho salón es muy visitado, no sólo por hombres de estudio, nacionales y extranjeros, sino también por grupos escolares y por personas que no saben leer, por lo que el personal de la Dirección les hace las explicaciones necesarias.

Tal exhibición, como esta obra, no sólo es representativa del valle de Teotihuacán, sino también de las regiones que comprenden los Estados de Hidalgo, México, Puebla y Tlaxcala. En lo sucesivo se irán estableciendo exhibiciones relativas a otras zonas representativas, según se indicó en la página XI hasta que se consiga tener típicamente representadas a las diversas regiones que forman el territorio de la República.

Exposición local.—Si es de general importancia la existencia de la citada Exposición Central, mayor interés presenta ésta a los habitantes del valle de Teotihuacán, por lo que en él se estableció otra exhibición semejante a la anterior; pero procurando darle mayor extensión, amplitud y profusión, principalmente en lo relativo a los períodos prehispánico y colonial y a productos fabricados con materias primas de la región, que eran desconocidas hasta que la Dirección implantó su manufactura: sombreros, tejidos de fibra de maguey, cerámica fina, etc. (*lámina 65, b*).

En las demás regiones representativas que van a ser estudiadas—Yucatán, Oaxaca, Baja California, etc.—, se instalarán exhibiciones análogas.

La vulgarización de esta obra.—Se están sintetizando y vertiendo a lenguaje muy sencillo los capítulos de esta obra, sobre todo los que tienden a la mejoría inmediata de la población, a fin de repartirlos profusamente entre los habitantes, iniciándose esta tarea por los capítulos de *desarrollo físico, irrigación, mejoría de cultivos*, etc.

§ 2.—SUGESTIONES QUE HACE LA DIRECCIÓN DE ANTROPOLOGÍA

Que estando San Juan Teotihuacán en condiciones de ser próximamente la más importante ciudad de la región, tanto por ocupar la parte central de la misma como por lo pintoresco de sus alrededores y por su cercanía a la zona arqueológica, que es frecuentada por millares de personas, sea declarada esta villa cabecera de distrito, y que éste quede naturalmente limitado por las montañas que circundan el valle. De esa manera serán más económicas, cómodas y rápidas las comunicaciones, facilitándose grandemente las transacciones comerciales y las gestiones de índole oficial entre la cabecera y las municipalidades. En la actualidad, el valle pertenece a dos distritos, cuyas cabeceras son Otumba y Texcoco, ciudades relativamente alejadas y situadas fuera de los límites naturales del valle.

En el valle, como en el resto de la República, la mayoría de la población está incorporada a la civilización indígena, la cual es de distinto tipo que la civilización moderna que ostentan las minorías blancas, siendo muy inferior el estado evolutivo de aquéllas con respecto al de ésta; así, pues, las Constituciones y leyes que fueron elaboradas por estas minorías de acuerdo con sus características, aspiraciones y necesidades, son inadecuadas y hasta contraproducentes para gobernar a las mayorías indígenas, pues sus características, aspiraciones y necesidades son distintas. Sugerimos, pues, que la Constitución y las leyes sean revisadas a fin de que su aplicación gubernamental sea eficiente, adecuada y benéfica, no sólo para la mínima parte de la población que forman las clases blancas de cultura moderna, sino también para las numerosas agrupaciones indígenas e indo-mestizas que constituyen abrumadora mayoría. Esas reformas deben ser hechas, previa observación y estudio científico de todos los componentes sociales mexicanos, pues la experiencia ha demostrado dolorosamente que las reformas hechas por otros medios, incluyendo los violentos, produjeron, con muy contadas excepciones, resultados desastrosos.

Que siendo la administración de justicia del todo impropia y deficiente en la región, se estudien e implanten por quien corresponda los medios de mejorarla, organizando en primer término honorables defensorías de oficio, con lo que se evitarán los injustificados perjuicios que hoy sufren indefectiblemente quienes carecen de recursos.

Que los representantes de la región en ambas Cámaras conozcan y estudien las condiciones y necesidades de los habitantes a fin de influir efectivamente por su mejoría, pues hasta hoy, en realidad, nunca han hecho gestiones en tal sentido.

Que se proceda desde luego a repartir tierras en el valle y a hacer obras de irrigación, de acuerdo con lo que se expone en diversas partes de esta obra.

Que se haga rigurosamente efectivo el pago de un salario mínimo que permita subsistir normalmente a los trabajadores y se establezcan de manera definitiva la jornada de ocho horas y la retribución de labor extraordinaria.

Después de hacerse la dotación de tierras a los habitantes del valle, sería muy conveniente reimplantar el sistema de mutualismo o comunismo rural (no *bolschevismo*). En efecto, por los antecedentes históricos y aun por ciertos aspectos de la organización social contemporánea de aquéllos, es probable que la explotación —ya que no la propiedad— comunal de las tierras suministraría buenos resultados: adquisición colectiva de maquinaria agrícola; trabajos colectivos de irrigación, labranza y cosechas, etc., etc.

Que sean enviados periódicamente médicos visitadores para que se procure combatir las causas que originan la exagerada mortalidad en la región, principalmente la infantil, y se implanten medios eficaces para contrarrestar la degeneración racial que acusa el examen de los habitantes.

Que se procure fomentar el mestizaje en la población del valle, pues, según se ha dicho en el párrafo de *Censo Integral* de esta Introducción, tal medida entraña en cierto modo la mejoría económica y cultural de dicha población.

Al referirnos a nacimientos y mortalidad, hicimos notar que la mortalidad infantil es desoladoramente exagerada, por lo que hay que estudiar científicamente si es de tomarse en cuenta el *control* o regulación de nacimientos, en caso de que por la aplicación de otros medios no pudiera ser combatida esa mortalidad.

Que en las municipalidades se hagan, con la eficacia y la puntualidad posibles, los registros y anotaciones para censos y estadísticas regionales, explicando insistentemente a los vecinos las ventajas que esto trae consigo. Hay que conseguir que las autoridades eclesiásticas exijan a los feligreses certificados civiles de nacimiento, defunción, matrimonio, etc., antes de efectuar las ceremonias religiosas correspondientes.

Que en los futuros censos se tenga en cuenta el tipo de raza y el tipo de civilización de los habitantes y no sólo las características que hasta hoy se han considerado.

Que se establezcan en el valle escuelas cuyas tendencias sean adecuadas a las condiciones del medio geográfico, así como a las de los medios racial y social, en vez de que se adopten los programas vigentes en la capital de la República. Que se editen y vendan a precios muy reducidos publicaciones de sencilla exposición referentes a higiene, mejoría de cultivos, cría de ganado, aprovechamiento industrial de materias primas, etc., etc.

Que se procure la diminución de las cuotas ferrocarrileras, se mejore el servicio postal de reparto y entrega y se construya una línea telefónica hasta la Capital, en la inteligencia de que los vecinos de la región están dispuestos a cooperar efectivamente en esto último.

Que los impuestos federales sean reducidos, principalmente los que gravitan sobre pequeños propietarios y comerciantes. Que el Gobierno del Estado restrinja las exageradas atribuciones que tiene con respecto a los municipios, tanto desde el punto de vista político como del económico, siendo indispensable, desde luego, que aquéllas puedan disfrutar de mayores rentas en provecho de la colectividad local; hoy sus recursos son bien exiguos, pues están obligados a entregar gran parte de los impuestos al Gobierno Federal y al del Estado.

Siendo eminentemente religiosa la población del valle, es indispensable dedicar a este aspecto especial atención.

Según dijimos ya en otro lugar, la obra de la Iglesia Católica en la región de Teotihuacán presenta un estado de deficiencia, de estancamiento y aún de retrogradación, en vez de evolucionar como lógicamente sería de esperarse en esta época de innovaciones de todo género, sucediendo, en consecuencia, que si se hace un balance equitativo a tal respecto, resulta que la acción de esa Iglesia no es favorable al desarrollo de la población. Sin embargo, creemos que semejante situación podría ser mejorada, siempre que el clero dirigente se empeñara en ello. En seguida exponemos algunas sugestiones que podrían contribuir a resolver el problema.

Ya no existe la razón política que obligó a los frailes del siglo XVI a transformar el catolicismo en una híbrida mezcolanza de animismo, politeísmo y monoteísmo, cuyos ídolos, de virtudes exclusivas, todavía reinan en cada pueblo, sin que los fieles conciban que otras imágenes puedan substituirlos, por más que representen al mismo santo o a la misma virgen. Hay, pues, que tender gradualmente hacia la abstracción y desmaterialización de las imágenes y a la modernización sensata de los conceptos, porque, de otra manera, se corre el peligro de que alguna vez se derribe ruidosamente tan burda religión y con ella las tendencias espiritualistas que siempre han caracterizado a los habitantes del valle, lo que les sería desastroso, dado que, careciendo de cultura científica, no podrían refugiarse en ésta al abandonar aquéllas.

Lo peor que puede acontecer a una religión es que sea ridiculizada, pues de esto a mirarla con indiferencia o desprecio hay un paso. En el valle, la falta de estética en los decorados modernos de las iglesias, así como en los cuadros murales y, sobre todo, en las imágenes, llega hasta lo ridículo y chocarrero: los santos y, principalmente, los Cristos lucen indumentaria teatral y frecuentemente visten prendas femeninas con listones y tiras bordadas (*lámina 66, a*), amén de polvosas cabelleras y de profusos coágulos de sangre que cubren la escultura de pies a cabeza (*lámina 66, b*), dando origen a la sentencia popular: *Mientras más mugrientos, más milagrientos*. Los indios del valle ya no ostentan plumas, ni embrazan *chimallis*,[1] ni rinden culto o Huitzilopoxtli; ¿por qué los párrocos hacen perdurar las imágenes sangrientas que eran lógicas en el siglo XVI, pues estando fresco el culto a la sangre entre los conquistados se halagaba su tradición, tanto ética como estética? Debe velarse porque imágenes, decoraciones, etc., presenten aspecto bello y sencillo para halagar la vista y contentar el espíritu.

---
[1] Escudos.

LA POBLACIÓN DEL VALLE DE TEOTIHUACÁN — *Introducción.* Lámina 66.

a).—Escultura ecuestre, con vestiduras, del apóstol Santiago, en la iglesia de Atlatongo.

b).—Esculturas de Cristo, en la iglesia de Puxtla.

Desde el punto de vista económico, es de sugerirse que la Mitra de México, a cuya jurisdicción pertenece el valle, ordene a los párrocos que disminuyan o anulen las altas tarifas a que están sujetos los habitantes, que, como insistentemente se ha dicho hasta aquí, a duras penas pueden subsistir. ¿Cómo se sostendrá el culto en la región? se preguntará. Obteniendo fondos de los magnates católicos de la República y moderando el lujo inútil y anti-cristiano de las ceremonias y de la clerecía de la Capital y de las principales ciudades.

Respecto al importante punto que entrañan las relaciones maritales que sostienen los curas, el clero dirigente debe procurar que, ya que, por un empeño realmente inexplicable, el Vaticano se obstina en no permitir el matrimonio a los sacerdotes, éstos sean penados seriamente cuando incurran en tales abusos en la parroquia donde residen, aun cuando fuera de ella procedan de acuerdo con sus necesidades fisiológicas. El remedio no es del todo satisfactorio; pero creemos difícil que se encuentre otro que lo supere efectivamente en este especial respecto.

Por lo demás, el verdadero remedio general y eficiente consistirá en combatir, por el ejemplo y la competencia, la relajación del clero regional; que se haga crecer la insignificante proporción en que actualmente se cuentan los párrocos conscientes de su apostólica misión; que se implanten en la región otros credos religiosos y otros cleros, como el protestantismo y sus pastores; que se organicen logias masónicas regionales y asociaciones cívicas, y que los vecinos y la prensa hagan públicos, con todo valor civil, los malos procederes del clero corrompido. Si se hace esto, podemos asegurar que este último se moralizará y contribuirá en su esfera a hacer espiritualmente felices a esos hombres del valle, que han cifrado su dicha terrenal y ultraterrenal en las cuatro paredes de sus templos.

La prensa puede hacer una trascendental labor en pro de los habitantes de Teotihuacán. Los periódicos metropolitanos podrían hacer una o dos ediciones mensuales a precios económicos, procurando que llegaran a esta y a otras regiones análogas de la República. En esas ediciones sería conveniente tratar, en estilo sencillo, tópicos de interés para las poblaciones regionales. Por este medio se lograría comunicar intelectualmente a los habitantes con el mundo exterior y se les crearía el hábito de la lectura, que hoy no existe por la imposibilidad material de adquirir impresos a precios económicos.

El personal de la Dirección de Antropología considerará como realización de sus ideales que las entidades oficiales y particulares arriba aludidas lleven a la práctica las sugestiones señaladas.

§ 3.—COMPROBACIONES COMPLEMENTARIAS

Es innegable idiosincrasia en nuestro medio elaborar grandes proyectos, los que a la postre nunca alcanzan realización.

Cuando fué publicado el programa[1] de acuerdo con el cual iban a ser

---
[1] *Programa* citado.

efectuadas las investigaciones descritas en esta obra, muchas personas dudaron que se cumpliera efectivamente lo asentado en el mismo. Entre quienes así opinaban podemos citar a nuestro caballeroso amigo el distinguido americanista Frederick Starr, que, al hacer la crítica de dicho programa, dijo lo que a la letra transcribimos: [2]

"El programa de la Dirección de Antropología puede decirse que es un proyecto oficial para el mejoramiento social, basado en estudios antropológicos y etnográficos, desarrollado de acuerdo con principios científicos y que constituye un extraordinario y casi único experimento de gobierno. *El latino-americano se distingue por su fecundidad en elaborar proyectos a la perfección. Nadie mejor que él puede formular planes, programas, códigos, constituciones, etc., con los cuales estamos generalmente de acuerdo en todas sus partes. Sin embargo, estos hermosos planes teóricos son raramente llevados a cabo,* aunque creemos que este programa será una excepción. México, no solamente dará un paso hacia el progreso, sino que despertará la admiración y respeto de todo el mundo si logra poner en su lugar al indígena, y aunque no tuviera éxito este programa, las ideas y las palabras quedarán en pie, y ambas son verídicas."

Pues bien, esperamos que el examen de esta obra demuestre elocuentemente que hemos cumplido, aunque defectuosamente, con lo prometido en el citado programa. Sin embargo, sería ilógico que los lectores aceptaran incondicionalmente aquello que, aunque asentado en estas páginas con absoluta honradez, requiere comprobación objetiva para producir convencimiento satisfactorio, por lo que sugerimos a quienes deseen formarse un criterio autorizado a este respecto, se dirijan al valle de Teotihuacán y efectúen toda clase de observaciones, inquisiciones y pesquisas: recorriendo las planicies y montañas de la región, podrán apreciar experimentalmente el valor científico de los capítulos referentes a Geología, Oro-hidrografía, Botánica y Zoología. Ante los objetos y monumentos arquitectónicos prehispánicos y coloniales, confirmarán el acierto con que se hizo su estudio y descripción, o señalarán los errores en que se incurrió. En todo lo relativo a la población contemporánea, podrán efectuarse con facilidad las observaciones y comprobaciones necesarias, puesto que, además del profuso material objetivo que ofrece la región, los pobladores de la misma suministrarán millares de testimonios. Sobre todo, será de capital importancia comprobar por medio de la observación directa la existencia efectiva de las mejoras implantadas en el valle por la Dirección de Antropología y el progreso material e intelectual que éstas han traído consigo.

Por último, en los archivos de la Dirección están a las órdenes del público toda clase de datos informativos, los que podrían ser útil complemento para conocer en sus mínimos detalles todos los capítulos que constituyen esta obra.

MANUEL GAMIO,
Director de Antropología.

---

[2] Frederick Starr. *The Mexican Situation: Manuel Gamio's Program.*—En *American Journal of Sociology.* Volume XXIV. September 1918. Number 2.

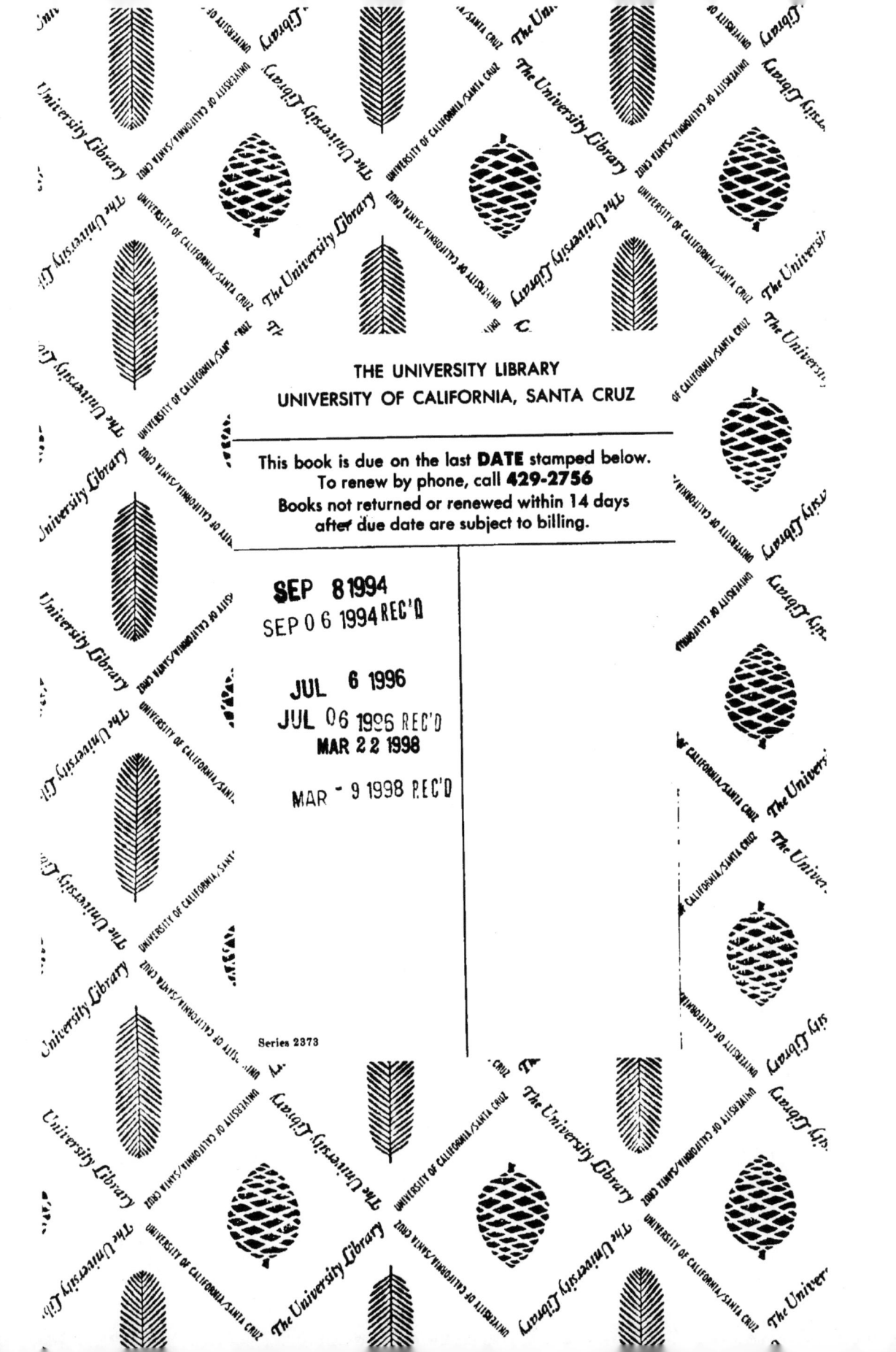

THE UNIVERSITY LIBRARY
UNIVERSITY OF CALIFORNIA, SANTA CRUZ

This book is due on the last **DATE** stamped below.
To renew by phone, call **429-2756**
Books not returned or renewed within 14 days
after due date are subject to billing.

SEP 8 1994
SEP 0 6 1994 REC'D

JUL 6 1996
JUL 06 1996 REC'D
MAR 2 2 1998

MAR - 9 1998 REC'D

Series 2373